图说名人

《图说名人》编委会　编著

爱因斯坦

完美解释宇宙

Aiyinsitan

Wanmei Jieshi Yuzhou

南海出版公司

图书在版编目（CIP）数据

完美解释宇宙 ：爱因斯坦 / 《图说名人》编委会编著. -- 海口 ：南海出版公司，2015.9（2024.8重印）

ISBN 978-7-5442-7937-6

Ⅰ. ①完… Ⅱ. ①图… Ⅲ. ①爱因斯坦，A.（1879～1955）－传记 Ⅳ. ①K837.126.11

中国版本图书馆CIP数据核字（2015）第204797号

WANMEI JIESHI YUZHOU——AIYINSITAN

完美解释宇宙——爱因斯坦

编　　著　《图说名人》编委会

责任编辑　张蕾

出版发行　南海出版公司　电话:（0898）66568511（出版）

（0898）65350227（发行）

社　　址　海南省海口市海秀中路51号星华大厦五楼　　邮编：570206

电子信箱　nhpublishing@163.com

经　　销　新华书店

印　　刷　天津旭丰源印刷有限公司

开　　本　787毫米×1092毫米　1/16

印　　张　7

字　　数　80千

版　　次　2015年12月第1版　　2024年8月第3次印刷

书　　号　ISBN 978-7-5442-7937-6

定　　价　36.00元

前言

TUSHUOMINGREN

阿尔伯特·爱因斯坦（Albert Einstein，1879—1955），世界著名理论物理学家，相对论的创立者。

爱因斯坦1879年生于德国乌姆一个经营电器作坊的小业主家庭，父母都是犹太人。父亲赫曼·爱因斯坦是一位不太成功的商人，母亲波林·科克是一位钢琴家。

爱因斯坦在1905年发表了四篇划时代的论文，提出了相对论的观点，震惊了世界。分别为：《关于光的产生和转化的一个启发性观点》《根据分子运动论研究静止液体中悬浮微粒的运动》《论运动物体的电动力学》《物体惯性与其所含能量有关吗？》，随后导出了$E=mc^2$的公式。因此这一年被称为“爱因斯坦奇迹年”。一百年后的2005年因此被定为“ 世界物理年”。

1915年，爱因斯坦发表了广义相对论。他所做出的光线经过太阳重力场要弯曲的预言，于1919年由英国天文学家亚瑟·斯坦利·爱丁顿的日全食观测结果所证实。1916年他预言的重力波在1978年也得到了证实。爱因斯坦和相对论在西方成了家喻户晓的名词，同时也招来了德国和其他国家的法西斯主义者、军国主义者和排犹主义者的恶毒攻击。1917年，爱因斯坦在《论辐射的量子性》一文中提出了受激辐射理论，该理论成为激光的理论基础。

因其在光电效应研究方面做出的卓越贡献，爱因斯坦于1921年被授予诺贝尔物理学奖。在瑞典皇家科学院的公告中并未提及相对论，原因是认为相对论还有争议。

1955年4月18日，爱因斯坦因主动脉瘤破裂于美国普林斯顿逝世，享年七十六岁。

1999年，美国《时代》杂志将其评选为20世纪风云人物。为纪念他，第99号元素被命名为“锿”。人们称他为“科学的巨人”。

目录

CONTENTS

独立思考的少年 1

友善的老教授 / 1

善于提问的小男孩 / 8

数学天才 / 15

“相对论”的提出和发表 27

进入苏黎世联邦工技学院 / 27

和大学同学米列娃结婚 / 31

相对论的发表 / 38

举世瞩目的伟人

45

相对论的正确性获得证实 / 45

两次来中国 / 56

东方之旅 / 62

荣获诺贝尔物理学奖 / 70

再次访问美国 / 80

不懈的斗士

87

遭到纳粹的迫害 /87

流亡比利时 / 91

到美国普林斯顿研究院任教 / 98

一代科学巨匠 / 105

ALT DISNEY
Betten Rid

友善的老教授

“不行，不行，奇哥，今天早上太冷了，你不可以出去散步。”这位年老的教授对他那头卷毛的小哈巴狗摇摇头，然后把大门关上，轻快地沿着积雪覆盖的小径走下去。刺骨的寒风把他浓密的白发吹成乱乱的一团，在他那张智慧而沧桑的脸孔陪衬下，那头蓬乱的白发就如同一轮圣者的光环。他停下来扣上他那件破旧皮衣的纽扣，然后把未戴手套的双手插入宽松的长裤口袋中。

沿着麻色街走了短短的一段路，他停下来和普林斯顿的一位教授热情地互道早安，这位教授正顶着雪花，准备去大学上早课。邮差也停在路旁，对“一场新泽西州常见的大风雪”作了一番精确的评论。到了下一个巷口，一名小女孩腋下夹着教科书，从花园小径上跑了过来。

“哦，爱因斯坦爷爷！”她迎向他，“你还记得上周我请你帮忙解答的那个较长的除法问题吗？现在，我彻底了解了，而且昨天我还考了一百分呢！”

“好极了！”他高兴万分。那个小女孩走在他身边。

“我妈妈说，我不应该打扰你，因为你一向很忙，”她继续滔滔不绝地说，“但我告诉她，我已经答应你，只要你帮我忙，我就送给你一个冰淇淋卷。这个礼拜六我拿到零用钱后，就给你带一个双

名人名言

真正有价值的东西不是出自雄心壮志或单纯的责任感，而是出自对人和对客观事物的热爱和专心。

——爱因斯坦

※思考中的爱因斯坦

份巧克力的来。”

他们走到街口转角处时，小女孩说：“我必须赶快走，否则要迟到了。”但马上又停下来，责备似地瞪着他那双湿透了的皮鞋，“爱因斯坦先生，你又忘了在皮鞋上套上橡胶套就出来了！”

他轻声笑了起来，并且拉起裤管，露出光光的脚踝。“我还忘了穿袜子呢！算我运气好，出来时没被我妹妹或我的秘书杜卡斯小姐逮到，她们都把我当成老人了。其实，像你我这样的年轻人，这一点点的风雪算得了什么，你说是吗？”小女孩笑着点点头，欢快地跑开了。

一辆汽车缓缓地靠近路边，司机叫道：“到城里去吗？爱因斯坦博士，上来吧。”

“谢谢你，我想散一会儿步。”

“好的，顺便告诉你一声，我太太一定要我转告你，她十分欣赏你前天晚上在电台里所讲的话。”

几分钟后，一位牛奶工人从送牛奶的专车上大喊“你好，博士！”一位正要上菜市场的家庭主妇，低声向他道了一声羞怯的早安。这时，爱因斯坦已经看到街尽头的火车站，他知道已经到达目的地了。

他承认今天是稍微有点儿冷，也许该喝杯咖啡，暖和一下，再走回去。“那两个女人是不准我吃早餐的。”他想。

他正要踏进那家小餐厅，却被街角那个卖报纸的小男孩喊住了。“嗨，爱因斯坦先生，要不要听点有趣的事？昨天，有几个相当时髦的家伙从火车上下来，我听到他们问一个男人麻色街在什么地方，因为他们要去看你。那个男人说：‘我当然知道，我可以告诉你爱因斯坦教授住在什么地方。’那些人说：‘你认识他吗？’他说：‘什么话，普林斯顿的每个人都认识我们的爱因斯坦教授。’”

“进来，进来。”那位身材高

大的希腊老板大叫，同时把大门打开。“怎么回事，爱因斯坦先生?你已有一个多礼拜没到这儿来了，我有些问题要请教你。”

爱因斯坦教授自行坐在长柜台前的一张空凳子上，解开皮衣的纽扣，用力地摇几下头，把雪花从头发上甩掉。“克里斯，请给我一杯咖啡，再给我一块甜饼。”

几位穿着厚毛线衫的大学男生停止他们对棒球得分的争论，一起向教授问好；一位出租车司机放下正在吃的三明治，替教授点燃烟斗。

克里斯说：“爱因斯坦先生，我一直想要问你一个问题。上个礼拜，我看了一本杂志，大家都在讨论你的伟大发现。那本杂志说，你在你的一本著作中写道‘上面的太空不断地在旋转……’”他做出旋转的姿势，说，“我不禁想到……”他突然停下来，显得有点儿不好意思，因为他注意到那几个大学生也在听他说话。

“想什么?”爱因斯坦博士鼓励他，同时咬了一口他妹妹禁止他吃的甜饼。

“我担心，如果我到了太空，却发现那儿什么也没有，那我要到哪儿去呢?”

爱因斯坦把头往后一仰，哈哈大笑：“不要担心，克里斯。”他安慰克里斯说，“你永远不会跑那么远的。”说完在口袋里摸索一阵，“糟糕，我出来时一毛钱也没带。”

“没有关系。”克里斯安慰他说，“上次，你走了以后，我才注意到你多付给我一毛五分钱。”

“呀，我一向就不认为我是数学家，”爱因斯坦微笑着，“我给钱总是会弄错。”

爱因斯坦走出餐厅，随手将门带上。这时，一位大学生笑着说：“他就像是笑话中经常提到的那位心不在焉的教授。你们大家可曾听说过，有一次他在大学里替英芬博

太空成为人们讨论的焦点

※很多时候，烟斗是爱因斯坦闲暇时的陪伴

士示范他的一项理论的情形？你们都知道，爱因斯坦是从来不穿吊带裤的，偏偏那天他又忘了系皮带。因此那一次简直忙得要命，先要抓住裤子，然后又要尽力在黑板上画线。”

大家都笑了起来，只有克里斯例外。

“你们不应该取笑他，”他谴责道，“我没受过多少教育，但我听许多人说，他是世界上最聪明的人。”

随后，爱因斯坦仍像往常那样轻快地往回家的路上走。雪已停了，各户人家皆已忙着铲除他们门前的积雪。一些只认识他模样的人，简单地向他道声早安。而有些人则停下工作，两手扶着铲子，和他聊天，无所不谈，从天气一直谈到来自欧洲的最新消息。爱因斯坦简短地谈了几句，他希望尽快脱身，于是他友善地道别，并挥挥手中早已熄灭的烟斗。因为，他突然想到，时候已不早了，今天还有很多事要忙呢！

他边走边想，好心的邻人太多了，明天我要从另一条路到城外去，那儿可没有人居住。如果总是停下来聊天，哪还有时间去思考呢？

麻色街的最后几小段空无一人，当他回到他那栋白色木板屋顶的房子里时，他早已在深深思考一个问题了。由于沉浸在自己的思考中，以至于并未注意到有一个陌生人坐在他屋前的台阶上。

那位年轻的陌生人喊了一声：“爱因斯坦博士”，他说，“我已经等您将近一个小时了。”

他的德国腔调比教授还要重。爱因斯坦一向喜欢讲自己的家乡话，因此他用德语回答：“你为什么不按门铃？”

“我按了，”这位访客也改用德语回答，“但那位女士不让我进去。我告诉她，我并不是来推销东西的，”他看了一眼自己身边的那只黑色皮箱，“当我说，我只是想要拍一些您的照片，并且做个简短的访问时，她立刻就把大门关上了。”

爱因斯坦尽量装得很严肃的样子说："杜卡斯小姐的做法很对。我经常告诉她，我不愿再拍照片，而且也不再接受访问。只要一破例，接下来就要接受好几百次的访问，这么一来，我就没有时间做我的工作了。为什么人们老是要阅读有关我的报道呢?其实，我所要说的话，全都记载在我的书上了。"

"但……"那个年轻人绝望地说，"如果我不弄篇报道，或者一两张您的照片回去交给编辑，我的工作就保不住了。目前在纽约有许多犹太难民，都急于找工作维生呢。"

爱因斯坦叹了一口气："唉，我自己也是难民呢，但是我幸运得多。我来到这个国家时，并不需要找工作。我实在抱歉，无法帮你的忙。不过，你冷得正在发抖。如果你愿意进来暖和一下，我倒是很欢迎。可是，我又把钥匙忘在家里了。"

在他们等待屋内的人前来开门之际，老人以炯炯有神但和善的眼光打量着这位访客，从他那顶外国式样软帽一直往下看到宽大的鞋子。"你刚从德国来此不久吧?"他猜测道，"你是从德国哪个地方来的？你的家人呢？"

繁华的纽约街头

“我的家人——”年轻人有点踌躇地说，“他们全都死在集中营里了，我的家在乌姆。”

“乌姆!”爱因斯坦抓住那位青年的手，用力摇动，“那是我出生的地方啊。”

一位脸色相当严厉的妇人打开了大门，她还来不及开口，爱因斯坦已经愉快地介绍了这位不受欢迎的访客。

“杜卡斯小姐，这位年轻人是从德国乌姆来的，好难得啊！我已经邀请他进来坐一会儿，因为他可能有我们德国友人的消息。”他们在这位女秘书不赞同的眼光下走进了客厅。“而且，他一定要暖和一下，才能走回到火车站，今天实在很冷!”

“既然很冷，你为什么不穿袜子就走出去?”杜卡斯小姐责问道，“你一出门，我发现我为你准备的这双新的羊毛袜搁着没穿。”

那位年轻人悲伤的眼光迅速扫过这间雅致的起居室里的钢琴、书架以及客厅后面的古董家具。

“这儿使我想起老家。”他喃喃地说。

“我很幸运，把我的家具从柏林公寓全都搬来了。”爱因斯坦告诉他，“希特勒没把我这些东西拿走，因为我的几位好朋友帮了我这个大忙。在这些长窗的外面，是一座漂亮的花园，这是我太太选中这栋屋子的原因。我们在这儿度过一段愉快的时光。可惜，她已去世了，现在是我妹妹玛加和好心的杜卡斯小姐照顾我。”

“没有人能够好好照顾你，”杜卡斯小姐不满地说，“赶快把那双湿淋淋的皮鞋脱下，我去拿双拖鞋给你。坐下来，看看你刚才在散步时送来的信件。我把你要到纽约演讲的电报放在最上面，这封电报马上就要回复。”说完她匆匆忙忙地走开了。

“坐下来，好孩子，坐下来!”爱因斯坦招呼着，自己在一张椅子上坐下了，杜卡斯小姐把卷毛哈巴狗放到他膝上。他说：“谢谢你，海伦。好的，好的，我马上就看信，但是，这位年轻人先得告诉我……”

“我早已告诉他，你没有时间接受访问。”杜卡斯小姐提醒说，“你为《新闻报》撰写的那篇文章的某些部分，马上就要整理为原子弹委员会所要的笔记。委员会的人今天下午就要从华盛顿赶来了。”

“不接受访问，”爱因斯坦笑着向她保证，“只给这年轻人短短的十分钟，让他暖和一下身子，并回答我的问题，然后你就可以把他赶回到雪地上去。”

等到只剩下他们两人时，这位年轻人结结巴巴地说：“我不敢打扰您，但如果您肯稍微对我谈谈您自己，并让我拍张照片，我相信一定可以使我获得我所向往的这份工作。”

“不行，有关于我自己的蠢照片已经太多了。有一次，一个新闻记者要求拍张我拉小提琴的照片。我告诉他：‘咱们换个方式好了，你愿不愿拍张我倒立的照片？’”

这位年轻的德国小伙子勉强笑笑：“我不会占用您太多时间的，”他的嘴唇发抖，同时弯下身子提起皮箱，“我想，是不是可以看在我们都是难民的份上……”

这位大科学家自己在心里想着：我们都是难民，如今我已经安全地躲在港内，而这个孩子却在美国彷徨无依，实在可怜！

“如果你动作快一点的话，”爱因斯坦语气温和地说，“在杜卡斯小姐回来之前，你可以替我拍一两张照片。趁着你在打开皮箱取出照相机的时候，我可以对你发表一些简短的访问谈话。所有这一切以前都谈过了——我早年的情形，如何在一夜之间变得举世闻名；德国人如何把许多荣誉加在我头上，然后又宣布我是一个叛徒，并悬赏要我的头。你也不必浪费时间问我对乌姆的记忆。因为我很小的时候，就跟随父母亲离开那儿到慕尼黑去了。”

爱因斯坦漫不经心地抚摸着他抱在膝上的那只小狗：“你可知道我对慕尼黑的什么事情记得最清楚？一次，在我应该上床睡觉的时候，偷偷溜下床，坐在楼梯口，聆听我亲爱的母亲在楼下弹奏贝多芬的乐曲；还有在我大约五岁的时候，父亲有一次把装在他怀表表链上的一个小饰品拿给我看，那是一个玩具罗盘。有时候我不禁想，第一次激起我对科学的兴趣，很可能就是那个小罗盘。”

※ 爱因斯坦是德国人的骄傲，柏林市内有不少爱因斯坦的雕像

善于提问的小男孩

那是1884年，一天晚餐的时候，赫曼·爱因斯坦先生——慕尼黑一家犹太人工厂的老板——心急地轻轻扯着面前的白餐巾。通心粉早就煮好可以吃了，脸颊红红的女佣人也把烤鸡端上桌。赫曼先生拿起切肉刀，皱皱眉头，又把刀子放了下来。

“波林，”他对坐在餐桌对面的太太说道，“爱因斯坦到哪儿去了？究竟做些什么重要的事，竟然连晚饭都不回来吃？”

※慕尼黑城市鸟瞰

“也许他终于在附近找到了一位喜欢的玩伴了，”赫曼夫人说，“小孩子一玩起来，有时候会忘记肚子饿的。”

这位女主人暂时停止说话，忙着替坐在她身旁满头卷发的三岁小女儿玛加把马铃薯捣碎。

“我带孩子们到公园散步时，玛加跟每个人都能成为好朋友。但当小男孩们要求爱因斯坦跟他们一起玩耍时，他总是拒绝人家。”

赫曼夫人叹了一口气，又说：“他总是那样子。可能是因为他学说话的时间比较迟一点，所以才会这么害羞。”

“我知道爱因斯坦在什么地方。”玛加说。

“什么地方?”父亲问道。

“他喜欢在花园里走来走去，”小女孩说，“他老是赶我走开，也不跟艾莎表妹玩。他只会自己编一些小曲子，一边走一边唱。”

“到底他现在在什么地方?”赫曼先生说。

玛加回答道：“就在我们花园的尽头，靠近篱笆的大树底下。他喜欢坐在那儿，唱他自己编的歌儿。”

玛加又低头吃她的晚餐了。赫曼先生吩咐女佣人去把那个忘记回家吃饭的小男孩带回来。几分钟后，爱因斯坦站在门口，像一名拥有良好家教的德国小孩，恭敬地等待长辈吩咐。他跟他的妹妹长得很相似，同样的黑发，同样的大眼睛；但是当玛加哈哈大笑玩耍时，他往往沉浸在自己的想象中。

赫曼缓慢而威严地拿出他那只厚重的金表，把表拿到他那五岁大儿子的面前说：“你自己来看看已经是什么时候了!”

爱因斯坦向餐桌走过去。他对于目前几点毫无兴趣，他只希望父亲不再训他，并希望能早点尝尝桌上的烤鸡，因为那只烤鸡闻起来很香。但当他顺从地弯下身子看表时，却对挂在表链上的那个金质小饰品发生了兴趣。

“爸爸，表链上那个是什么东西?”爱因斯坦问道。

“你以前一定已经看过几千次了，”他的母亲说，“不要为了怕被父亲责骂，就随便扯些别的话题。”

“不是的，妈妈，”爱因斯坦严肃地告诉她，“我真的想知道为什么当我拿起表时，那只小针就会转动。”

赫曼显得很高兴，因为爱因斯坦很难得对某件事物表示兴趣。赫曼有时候甚至想到，养了这么一个

※和很多孩子一样，像烤鸡这类美味的食物往往具有更大的吸引力

笨儿子实在头痛。现在他高兴地露出微笑，并在儿子的盘子里放了许多烤鸡肉、胡萝卜和马铃薯。

“你快点吃，我就会告诉你的，”他保证说，“这是罗盘。它很小，是不是?但它和比它大的罗盘一样准确，人们利用它在海上引导船只航行。”

“这上面四个小字母是什么意思?”

“北、南、东和西。中间那个黑色的针指北方，假如你在森林里迷了路，只要身上带个罗盘，立刻就可以找到北方，然后选个方向走出去。”

“那只针总是指着北方吗?一直都是吗?”

“是的，一直指着北方。”

“为什么?”

“赫曼，让孩子吃饭吧。”赫曼夫人打断了他们的谈话，同时摇铃叫女佣端上甜点，“你难道忘了?你工厂里的几个工程师今晚要到我们这儿来听音乐。如果我们不快一点，我就没有时间在他们到来之前换衣服了。”

但爱因斯坦一点也不急，甚至连他最爱吃的樱桃饼也无心享受。他一边吃一边向父亲提出问题，并要求在他下一次生日时，送给他一个罗盘作为生日礼物。

“只要你乖，并记得按时回来吃晚餐，我就送你一个。”他的母亲答应道。

说完她急急忙忙站起来，回到房里脱下身上那件黑色羊毛衣，换上她最喜欢的那件深红色花边领子的丝质礼服。玛加站在梳妆台旁边，看着她母亲梳着又长又亮的头发。她嗅着香水瓶，向母亲借了一些发夹，模仿大人的样子夹住自己的卷发。玛加对母亲说，她长大后，随时都要穿一件花边的红色衣服，不必等到有客人来时才穿。

爱因斯坦随着父亲来到客厅，客厅里挂着家人的画像，大理石桌面上有一个插满鲜花的花瓶。赫曼先生拿起晚报，但这个小男孩却礼貌而坚持地提出一个又一个的问题。赫曼的工厂主要是生产电器及化学品，因此他对科学的认识超过一般的商人，但他并不准备满足这个五岁小男孩的好奇。

“去问你的杰克叔叔吧!”他建议，“他喜欢解释事情。”

“杰克叔叔现在不在这儿，我现在就想知道。”

“你愿不愿意我说个故事给你听?”赫曼先生哄着他，“我刚刚想起了席勒所写的一个故事，提到一位骄傲的女士把她的手套丢入一群愤怒的狮群中；或者听我朗诵一段海涅的诗，你不是一向喜欢他的《罗列莱》么?”

“不，我宁愿知道有关罗盘的事，为什么指针老是指向北方?”

“因为指针已经磁化了。”

“磁化?”爱因斯坦十分缓慢地说出这个新名词，“磁化是什么意思?”

赫曼夫人匆匆走进来。

“波林，这孩子是不是应该上床睡觉了?”她的丈夫忧愁地问道。

爱因斯坦充满渴望的脸上，立即蒙上一层阴影。他提醒父母说：“妈妈一向准许我晚点睡，并准许我听妈妈及客人弹奏钢琴。”

母亲知道他非常喜爱音乐，而且也了解他失望的心情。但她注意到，他的眼睛闪闪发光，两颊通红。她不禁弯下身子摸摸他的脸孔，是不是在发烧?她摇摇头说：“不行，爱因斯坦，亲爱的，你必须立刻上床睡觉。我担心你刚才在花园里待得太久，因沾了露水而着凉了。赶快上楼去换衣服，只要你把房门开着，仍然可以听见音乐声的。”

她吻了吻他，他只好顺从地走向楼梯。但不到一会儿，他又走回来。

“我想，”他认真地说，“如

贝多芬蜡像

果我能拿着爸爸的罗盘上床睡觉，就可以睡得更好。”

“爱因斯坦！”他的父亲以最严厉的声音喝了一声，小男孩只好转身离开。赫曼先生性格一向很温和，爱因斯坦知道他父亲现在已经生气了。

工厂的几个工程师已经来了，赫曼夫人领着客人走进放置钢琴的厅堂。不久，她沉醉于贝多芬乐曲中，以至忘了她本来还要上楼去查看爱因斯坦是否安睡在床上了。直到一曲结束，她端出咖啡及饼干招待客人时，才想起这件事，于是请求丈夫去看看儿子。

赫曼踮着脚尖走进了儿子的房间——从房间窗口正好可以俯视下面的花园及草地。他一脚踏到一双鞋子，不觉皱起眉头。这个孩子怎么如此不整洁！妈妈已经教会小玛加把她的衣服收拾整齐，为什么爱因斯坦老是学不会？

他打开桌灯，俯身到小床上。爱因斯坦仰卧着，望着父亲。他的眼睛睁得大大的，毫无睡意。

“你这个淘气鬼，为什么不睡觉？”赫曼先生问道。

“对不起，爸爸，我睡不着。”

“是不是感觉不舒服？把舌头伸出来！”

“我没有生病，爸爸，我只是在想事情。”

“想什么？”

“想那只磁……磁化的针。什么是磁针？爸爸。”

“我已经告诉过你了，杰克叔叔可以讲得比我更好。现在做个好孩子，睡吧！”

他转过身子，但爱因斯坦抓住他的手臂说：“爸爸，我并不是故意要淘气，我立刻就要睡了。如果您让我拿着那个罗盘，我就会睡得更快。”

赫曼微微一笑，把怀表链上的罗盘解了下来。“拿去吧，”他弯下身子，吻了一下他的儿子，“赶快睡吧，待会儿你妈妈上来时一定要睡着。”

稍后，赫曼夫人在她梳理整齐的头发上戴睡帽时，她的丈夫把他和爱因斯坦的床边对话告诉了她。

“谁会想到像这样小的一个小孩子竟会对磁学如此感兴趣！”她惊讶地说，“我真是想不到……”

“就是如此，才令人头痛。永远没有人知道他心里想些什么！”爱因斯坦的父亲抱怨说，“我在表链上悬挂那个小饰物已有两年多了。当他注意到那件小东西时，竟然兴奋得睡不着。”

“我担心他上学之后，会有问题。”波林说道，“他害羞，而且当你和他说话时，他脑中却想着别的事情。”

“他的老师将不准他这样子胡思乱想，我要送他进德国最好的学校。我就是为了这个原因，才在他出生后，从乌姆搬来慕尼黑。他在这儿会得到许多好处，我希望他能尽量利用。我去世后，也许无法留下大批财产给他，但我要让他接受良好的教育。目前的犹太人必须有良好的教育才能生活。”

“我们的爱因斯坦将会生活得很好，”赫曼夫人信心十足地向她的丈夫保证，“你可曾注意，当他听我演奏钢琴时，显得多么的快乐？甚至试着想要自己弹奏。等他满六岁时，一定要让他接受音乐训练。我想，先学小提琴比较合适，也许他会成为一名伟大的音乐家。”

“他太懒了，恐怕不会勤于练

※乌姆城内的罗马建筑

习。”赫曼先生说着，随手关掉了电灯。

“还有，他不断地提出有关罗盘的问题，这岂不是说明他很有求知欲吗？也许……”她终于第一次大胆说出每一个德国母亲的愿望，“也许，他长大后会当一名教授。”

知识链接

罗　盘

罗盘是测定方向的仪器，主要由位于盘中央的磁针和一系列同心圆圈组成，每一个圆圈都代表着中国古人对于宇宙大系统中某一个层次信息的理解。

中国古人认为，人的气场受宇宙的气场控制，人与宇宙和谐就是吉，人与宇宙不和谐就是凶。于是，他们凭着经验把宇宙中各个层次的信息，如天上的星宿、地上以五行为代表的万事万物、天干地支等，全部放在罗盘上。风水师则通过磁针的转动，寻找最适合特定人或特定事的方位或时间。

尽管风水学中没有提到“磁场”的概念，但是罗盘上各圈层之间所讲究的方向、方位、间隔的配合，却暗含了“磁场”的规律。

罗盘的发明和应用是人类对宇宙、社会和人生的奥秘不断探索的结果。罗盘上逐渐增多的圈层和日益复杂的指针系统，代表了人类不断积累的实践经验。当然，这些经验是否全面和正确还有待于进一步研究，但是罗盘上所标示的信息却蕴含了大量古老的中国智慧。

磁　化

磁化是指使原来不具有磁性的物质获得磁性的过程。一般磁性材料里面分成很多微小的区域，每一个微小区域就叫一个磁畴，每一个磁畴都有自己的磁矩（即一个微小的磁场）。一般情况下，各个磁畴的磁矩方向不同，磁场互相抵消，所以整个材料对外就不显磁性。当各个磁畴的方向趋于一致时，整块材料对外就显示出磁性。

所谓的磁化就是要让磁性材料中磁畴的磁矩方向变得一致。当对外不显磁性的材料被放进另一个强磁场中时，就会被磁化，但是，不是所有材料都可以被磁化，只有少数金属及金属化合物可以被磁化。

数学天才

杰克叔叔外出谈生意，要几个月以后才能回来，爱因斯坦耐心地等待着。

在杰克叔叔前来吃晚餐的第一个星期六，爱因斯坦立即请求他解释神秘罗盘的作用。

“我们到花园里去，那儿比较凉快而且安静。”杰克叔叔提议，“好吧，爱因斯坦，我们最好从磁极说起。磁极吸引这个罗盘的磁针，就如同我买给你当生日礼物的那块磁铁，能够把所有铁片都吸住。”

※对罗盘的好奇，让爱因斯坦进而把注意力转向了磁铁

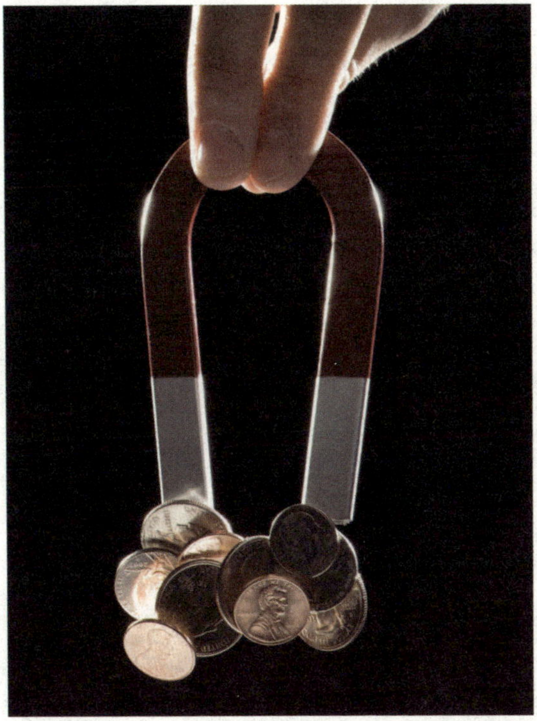

“为什么磁铁会吸引铁片呢？”

“这有点像是地心引力。”杰克叔叔说。他捡起玛加还留在草地上的那只鲜红色的皮球，“我一放手，皮球就会掉下去。地心引力把皮球拉向地面，磁铁吸引铁片，也是相同的道理。”

“地心引力？”这又是另一个精彩的新名词。“地心引力在什么地方？”

“在所有空间之中。”

爱因斯坦皱起眉头：“前几天我问父亲，空间是什么，

俄亥俄州政府建筑

他说是空的。”

杰克叔叔知道自己已经无法应付这孩子的无数个为什么了?

“你现在既然已经开始上学,为什么不拿这些问题去问你的老师呢?”他建议道。

爱因斯坦皱着眉头,将他的鞋跟抵在小石头上旋转。“我不喜欢上学。”他的声音很低,仿佛担心坐在走廊里的父亲会听见而斥责他。

“那就像是去当兵一样。”他告诉杰克叔叔,“在我生日那一天,妈妈特意带了我和玛加及艾莎表妹到卢韦格斯堡看阅兵典礼。那地方有许多旗帜和骑在马背上的军官,后面跟了许多许多士兵。他们行进的样子,就像我把音乐盒的发条上好后的那些锡制小玩具兵,我真替他们感到难过。”他的脸孔因为羞愧而通红,继续说道,“我开始哭了起来——玛加和艾莎表妹却笑我。”

“哦,你到底为什么哭呢?”杰克叔叔问道。

“当兵一定很可怕,不断地有那么多的军官对你大吼大叫,而且还要离开自己的家人,住在那些叫作军营的恐怖房子里。”

“当兵和住营房跟你上学有什么关系呢?你可知道,我们德国的学

校可是世界上最好的。我记得曾在报上看过，美国一个教育家史太韦博士还专程到德国来学习，希望能有助于他在俄亥俄州办学校呢！而且，美国医生一定要在德国大学里研究过之后，才敢开业行医。”杰克叔叔夸张地说。

爱因斯坦有点踌躇，即使是面对和蔼、亲切的杰克叔叔，也很难解决自己的疑问。

“学校就像是军营，”他慢慢地说，“那些老师就像是指挥士兵做这做那的军官。如果你不用心学习，他们就会责骂或鞭打；如果不太了解书上的意思而提出问题时，往往会令老师们生气而受到责怪，偏偏我又特别喜欢发问。”

杰克叔叔自己也曾经历过德国学校那种纪律严格的生活，因此心里也很同情这位侄子。但他认为，最好不要鼓励他的反抗思想。

杰克叔叔说：“如果你拿问题来问我，我不敢保证都能给你满意的回答，但我将尽力而为。我刚刚看到你父亲正对我挥手，这表示我们应该回工厂去了。”

爱因斯坦走到花园小径的尽头，那是他最喜欢的地方。那儿的树丛和蔓藤底下有个缺口，就像洞穴一般，他爬进去。他很高兴玛加和艾莎表妹正忙着玩她们的洋娃娃，没时间来打扰他。他想要思考一下他和杰克叔叔刚才谈话的内容，并思考空中怎会充满磁性及地心引力，但同时却又是空的。

他很高兴杰克叔叔并未问起他上学的情形。爱因斯坦真的很想交朋友，但在课堂里，由于他说话很慢，而且害羞，所有的男孩子都认为他很笨。在运动场上，他显得既尴尬又笨拙，因此从来没有人邀请“诚实的约翰”参加游戏。

“为什么大家替你取这么怪的一个绰号？”赫曼夫人曾经这么问他。

“我想，他们只是为了嘲笑

天主教建筑

我。”爱因斯坦回答道，“自从我为了免遭处罚而向老师说谎之后，他们就这么喊我。”

在当时的德国学校里，除了教阅读及数学之外，还教宗教。慕尼黑大部分居民都是天主教徒，因此爱因斯坦学会了关于天主教的很多事务。老师所教的，和他自己的犹太牧师所教的并没有太多的不同。

每天放学后，他最大的乐趣就是独自一人沿着伊萨河的河岸，走上很长的一段路。他经常停下来休息，梦想教会中的事情，他偷偷溜进圣母教堂的最后几排座位，然后坐下来凝视这座光线阴暗的大教堂墙壁上那些先知及圣徒的雕像。神坛前的烛光随风摇曳，使他为之着迷，神坛前面有几位修女及妇人跪

知识链接

地心引力

根据牛顿的万有引力定律，一切有质量的物体之间都会产生互相吸引的作用力。地球对其他物体的这种作用力，叫作地心引力。其他物体所受到的地心引力方向向着地心。

地球本身有相当大的质量，所以也会对地球周围的任何物体表现出引力。拿一个杯子举例，地球随时对杯子表现出引力，杯子也对地球表现出引力。地球的质量太大了，对杯子的引力也就非常大，所以，就把杯子吸引过去了。力的方向，就是向着地球中心的方向，这个力就是地心引力。

重力并不等于地球对物体的引力。由于地球本身的自转，除了两极以外，地面上其他地点的物体，都随着地球一起围绕地轴做匀速圆周运动，这就需要有垂直指向地轴的向心力，这个向心力只能由地球对物体的引力来提供，我们可以把地球对物体的引力分解为两个分力，一个分力F_1，方向指向地轴，大小等于物体绕地轴做匀速圆周运动所需的向心力；另一个分力G就是物体所受的重力。其中$F_1=mw^2r$(w为地球自转角速度，r为物体旋转半径)，可见F_1的大小在两极为零，随纬度减少而增加，在赤道地区为最大F_1max。因物体的向心力是很小的，所以在一般情况下，可以认为物体的重力大小就是万有引力的大小，即在一般情况下可以略去地球转动的效果。

在那儿祈祷。

在这种宁静而幽暗的气氛中，他企图寻找出那些一直困扰他的问题的答案。上帝是否像爱基督徒似的爱犹太人?宗教老师不是常说“神是我们的父，我们都是他的孩子”吗?既然大家都像一家人、都是好朋友，那么，基督徒为什么又要把他们的教堂和犹太人的教堂分开呢?他觉得杰克叔叔无法在这个问题上帮他的忙，而他又不愿和父亲讨论，因为父亲并不关心宗教问题。对他来说，在每天都会增加一点困惑的世界里，这只不过是另一个令他感到困惑的问题而已。

因此，之后的几年里，他就在孤独与困惑中度过。他对学校的怨恨，只有在放假去湖边或山间休息时，才稍微获得缓解。他们经常邀请艾莎表妹同行，她和玛加喜欢采集野花，结成一把花束带回家。爱因斯坦却说，花儿生长在阳光下看起来更为漂亮，引得两个女孩子哈哈大笑。

他若被带去参加音乐会，或者获准晚点睡觉以欣赏母亲弹琴时，就会显得很高兴。

“你是不值得拥有这些享受的，淘气鬼!”爱因斯坦的母亲责备他，“老师说你不愿以正确的方法去练习。”

“那样子学音乐是不对的。”爱因斯坦坚持说，“那个音乐老师对我十分生气，而且不愿继续教我。他并不喜欢音乐，他老是提到音阶，他说我需要多练习。他跟学校里的老师一样，老是说我必须像行列中的士兵那样操练、操练、再操练。”

他的母亲不禁摇摇头，对于他这种反叛思想感到震惊。然而却又不得不承认，以爱因斯坦的年龄来说，他实在称得上是一名杰出的音乐家了。当他听到莫扎特的作品时，立刻为它那轻松、优美而迷

音乐家莫扎特

人的旋律所吸引。他下决心要演奏这种美好的乐曲，他认为这才值得演奏。他似乎天生就有音乐细胞，当他发现了莫扎特所表现的主题之后，确实感到很快乐。他爱好音乐，尤其在小提琴演奏方面颇有天分。尽管他的音乐老师并不高明，但他到十四岁时已学会演奏小提琴了，而且演奏得相当好，甚至应邀和一群年纪较大的演奏者所组成的乐团一起演出。

爱因斯坦十岁时，就已准备进入鲁特伯高等学校就读。这所学校将大部分时间用于教授希腊文及拉丁文，爱因斯坦对这两种文字十分痛恨，不过后来他却从希腊古典文学作品中获得许多灵感。

在他年幼的时候，他认为这两种文字不但枯燥无味，而且难懂。对一个不喜欢“操练”的学生来说，这两种语言实在没有意义，他越来越感到不耐烦。因此，他把在课堂的每一分钟，用来思考令他感到困惑的一些问题。有人说，想要找出事情的“原因”及“经过”的，就是科学家。这么说来，爱因斯坦早已是一个科学家了。

鲁特伯高等学校的老师与爱因斯坦以前的老师一样冷酷而严厉。他们坚持相同的军事管理原则，他们是带兵的军官而不是学生的良师益友。他们对学生提出的问题深感厌烦，而爱因斯坦就是这类老师最不喜欢的学生，因此爱因斯坦感到很不快乐。爱因斯坦不愿以最简单的方式机械记忆他所学到的东西，他一定要知道“为什么”，有时候还要提出一些令人困惑的问题。

在以后的岁月中，爱因斯坦记得在慕尼黑的许多老师当中，只有一位是他的朋友。这位老师名叫路易斯，他教这位小男孩有关席勒、歌德及莎士比亚的作品。对爱因斯坦来说，诗歌几乎就像音乐般美好，他也非常喜爱莎士比亚的剧本。许多德国人坚持说，莎士比亚的作品受席勒的影响很大。他永远记得，当他初次听到歌德的长诗《赫曼与窦绿苔》时——它所叙述的故事和美国诗人朗费罗的《伊凡吉林》相似——他的内心十分激动。

爱因斯坦经常因为没有完成作业，而在放学后和某些同学一起被留下来。他觉得这段时间甚至比平常上课更为乏味，但如果上课的是他最喜爱的这位老师，他就不会觉得难过。

在这时候，爱因斯坦结识了另一位朋友，这位朋友引导他进入另一个迷人的世界。

赫曼先生遵照古老的犹太习俗，每周邀请一些贫苦的学生到家中用餐一次。如果某位学生有幸接受多次这种定期的邀请，在求学期间他就不必害怕饿肚子了。

每周四到赫曼先生位于郊区的家中吃晚餐的，是一位俄国籍的犹太人，他是慕尼黑大学的医科学生，名叫马克·塔尔梅。塔尔梅试图开导这位羞怯的小男孩，因为他在高等学校的成绩，使望子成龙的父母非常担心。

“原来你讨厌语文。”塔尔梅有天晚上对爱因斯坦说，“不错，拉丁文是很沉闷，但我却必须靠它来学医。也许，你对科学有兴趣。”

“我可不喜欢他们在学校里教授的那种方式！”爱因斯坦不高兴地回答说。

“你是否曾经读过艾萨·伯恩斯坦所写的有关于自然科学的那些小书？”塔尔梅问道。“没有？好，下周我来的时候，带几本来。”

第二个星期四晚上，当这个医科学生专心用餐时，爱因斯坦虽然饥肠辘辘，但对眼前的晚餐却毫无兴趣。放在他盘子旁边的那些小书叙述着各种科学事项，如：植物和动物、星星和陨石、地震和气象，等等。爱因斯坦很惊讶地发现，这位作者虽然描述了这么多的自然事实，却叙述得很有条理。

“爱因斯坦，亲爱的，在餐桌上看书是不礼貌的。”他的母亲提醒说。她转过头，微笑地望着丈夫说：“他兴奋得就像你在几年前，把你的小罗盘拿给他看一样。”

“我记得他当时直缠着我把罗盘的原理解释给他听呢，”杰克叔叔笑着说，“但是，我并不是一个好的科学老师。”

“您比我们学校里的任何人讲解得都更清楚，”爱因斯坦很感激地说，“当我开始学习代数时，”他面向着塔尔梅，继续说，“我整个搞糊涂了，杰克叔叔在一分钟内就把一切解释清楚了。杰克叔叔说：‘有点不像是念书，更像是打猎。我们把X当作是一头动物，

※陨石

我们努力寻找，直到把它抓到为止。’经过杰克叔叔如此一说，所有的问题就变得简单多了。”

“当他开始学几何时，”杰克对客人们夸耀，“他还未上第一节课，就把几何课本从头到尾念完了。”

“几何很有趣，因为它可以证明所有的定理。”爱因斯坦喃喃说道，“我喜欢证明各种事情。”

“你真是一位数学家!”他的叔叔说道。

“我本来就说过，只要是他有兴趣的，他就能做得很好。”赫曼夫人似乎很高兴有个机会来称赞她的儿子，“我不是也曾说过，他最后可能会知道认真学习，而且有一天会当上教授?”

“这也许要比当一名失败的年轻人好得多。”赫曼深有同感。

他的话道出了心中的苦楚。他的电器工厂的境况并不好。玛加还是一个小孩子，但做父亲的却担心，等到她将来出嫁时，要到哪儿去张罗嫁妆呢?还有，爱因斯坦虽然对数学极有天分，但像他这种学生将来毕业后，教授是不会给他安排好的工作的。等到这孩子长大到可以自立的年龄时，他要干什么呢?

爱因斯坦并不知道父亲在生意上遭遇到困难，他在短期内读完了二十多本伯恩斯坦的著作。他知道最好不要在学校里和老师讨论这些书的内容。不过，杰克叔叔和塔尔梅则是很好的听众。

“当然，我可以在化学和生物方面指导你，”塔尔梅说，“但是，我希望我在数学方面的了解能跟你一样。当你解出我们不会的问题时，我觉得自己实在很笨。毕竟，我比你大了十岁，而且还是个大学生。”

这位十四岁的小男孩高兴得羞红了脸，像这样的赞美是多么地宝贵!因为在学校里，从来没有人赞扬过他。他不知道当他的数学教师发现他这位羞怯而沉默的学生，已经自行学过了他尚未在班上教过的几本教科书时，将会怎么说。

“实在十分简单。”爱因斯坦说，“几何与微积分的一切都计划得相当漂亮，就像是舒伯特的小夜曲。”

大约一年以后，阿尔伯特·爱因斯坦结束了他在郊区秩序井然的家庭生活。他的父亲必须关闭工厂，举家迁往意大利米兰，希望当地的亲戚能帮助他东山再起。爱因斯坦无法随着家人去意大利，他必须留在高等学校，获得文凭，以便能够进入大学就读。这个男孩讨厌进入商业圈子为生活而奔忙，他和他的父亲一致同意，

在其他行业中，他也许可以获得较好的成功机会。

爱因斯坦在慕尼黑不久就开始觉得寂寞了。他住在宿舍里，每当回想起家庭的温暖，就很怀念母亲无微不至的照顾。他对数学的喜爱越来越浓厚，但这并不能使他在高等学校的生活感到愉快，反而更为困难。因为他的同学，甚至他的老师们，对于他高超的数学知识，深恶痛绝。他从来不夸口，也不好出风头。但是，像他这样一个老实的男孩子怎么懂得掩饰自己的感情?他不喜欢学校的教学方法以及与学校有关的所有事物。教师和同学们当然感受得到他的态度，因此都对他有很大的敌意。

阿尔伯特·爱因斯坦觉得厌烦而寂寞，渴望能亲身去看看他母亲在信中所提到的米兰的灿烂阳光及美丽景色。因此爱因斯坦决心回到家人的身旁。他绝望地想道：“即使我拿不到毕业文凭，我也要回去。”在他的父母和玛加离开他六个月之后，爱因斯坦也计划追随他们去米兰。他知道，至少在数学方面，他的程度已经超过高等学校的毕业生。他为自己争辩说：“这样一来，我不是可以不需文凭就能进大学了吗?”

爱因斯坦的一位老师给了他一份证明，说明这位学生的数学程度足以使他进入更高一等的学校，在数学方面作更深入的研究。慕尼黑的一名医生甚至表示，这位年轻学者精神紧张，而且疲惫不堪，如果能到意大利和他的父母共度六个月的假期，对他的健康将有很大的帮助。现在，这位数学教师不仅同意爱因斯坦换个环境，同时也建议，他离开学校后可以不回来了。

爱因斯坦很自然地立刻问到，他为什么被高等学校开除。

“如果你认为我有触犯你及学校的任何罪名，”他说，“请把我的罪名告诉我，也许我可以替自己辩护一番。”

这位数学教师并未指责爱因斯坦违反校规。但他觉得，爱因斯坦在课堂里，会破坏其他同学对教师们应有的敬意。也许他所指的，是

米兰大教堂

※意大利著名建筑：斗兽场

爱因斯坦习惯在课堂上问些连教师们都回答不出的问题。

一连几个月，爱因斯坦在意大利过得十分愉快。他喜欢当地的人，他们快乐、单纯，和讲究纪律的德国人相比较，意大利人显然自由自在多了。他长途跋涉，从亚平宁山脉一直游历到热那亚，他游览过各地的艺廊，并研究教堂的绘画和雕刻。他对身边的各种音乐都十分喜爱，不论是城市里的歌剧及音乐会表演，还是山区之间各小旅馆中农夫的歌声。

赫曼以前在事业上相当成功，但是他在米兰所开设的电器厂以及随后在帕微亚所开的企业，却全部宣告失败。

“我再也无法供给你金钱了，”爱因斯坦的父亲对他说，“你必须赶快找个工作，如果你能取得高等学校的毕业证书，那么，你可以进大学读书。”

爱因斯坦知道再也不能回到高等学校去，而且他也不愿意回去，虽然他可以设法获准进入一家德国大学就读的机会，但他不打算这样做。他下定决心，要脱离限制他早期生活的锁链。虽然他的父亲仍拥有德国公民权，但爱因斯坦计划放弃他和德意志帝国的任何联系。

他缓缓回答说：“爸爸，我不愿进大学，在您认为我只是到处游荡及听音乐的时候，其实我正在计划将来应该选择哪一行业作为我终生的工作。我希望研究理论物理学，虽然我尚未遇见过任何一位理论物理学家，但我知道我想要当一名理论物理学家，因为我总是想要找出事物的真相。当我开始学习几何时，我了解到，数学也是一种语言，凭着它，人们可以知道其他人对神秘的大自然有何发现。现在我希望自己来发现事物的真相，就如同牛顿及其他大科学家一样。”

“那么，你最好进入一所好的技术学校。”

“是的，我现在对于一般大学所能教授的哲学、语文及文学等并没有兴趣，但技术学校专门教授科学知识。”

父亲赞许地点点头说：“理论和应用科学，例如工程。”

“目前我希望研读理论物理，这方面最好的学校似乎应该是苏黎世的瑞士联邦工技学院。我也许不需要凭高等学校的毕业证书，就可以去就读。”他有点犹豫，因为他知道父亲的事业并不顺利，“如果您能资助我的旅行费用，我将到瑞士去参加工技学院的入学考试。”

“我会设法让你前往瑞士的。”赫曼深表同意，“至于生活费用，你也不用操心。要好好努力上进，希望你能成功。”

苏黎世城市风光

知识链接

天 主 教

天主教是基督教三大派别之一。音译加力特教，意译公教。因其中心在罗马，又称罗马公教。中国人根据明末耶稣会传教士的翻译，称之为天主教、罗马天主教。据估计，全世界共有信徒十几亿。

天主教会的组织形式严格集中。它重视教阶制。教阶制分为神职教阶和治权教阶。神职教阶有：主教、神父和助祭。治权教阶有教皇、宗主教、牧首主教、省区大主教、都主教、大主教、教区主教等。教皇具有最高权威，神圣不可侵犯，由枢机主教构成的枢机团选举产生，枢机团也是教皇的主要咨询机构。天主教严格规定神职人员不得结婚，与俗人有明显界限。修会由信徒组成，修士须发安贫、守贞、服从三愿，并过集体生活。除教皇之外，公会议也具有至高权威。

天主教信奉天主和耶稣基督，并尊玛利亚为圣母。教义统一，基本教义信条有天主存在；天主永恒、无限、全知、全能、全善，他创造世界和人类，并赏善罚恶；圣父、圣子、圣灵三位一体，道成肉身，圣子受难，复活升天，末日审判等。

圣母玛利亚

天主教认为教会为基督所创，乃基督之身，人只有通过教会才能获得拯救。早期天主教主要根据亚历山大派神学及奥古斯丁神学解释教义，13世纪后，托马斯·阿奎那的神学体系逐步成为官方神学。20世纪后，新托马斯主义、超新托马斯主义也被用来论证天主教的信仰和教义。天主教把耶稣的诞生、死亡、复活、升天，圣母的升天都定为节日，记于专门的教历之上，每逢这些节日要举行弥撒为主的仪式。又设有圣洗、坚振、圣体、终傅、告解、神品、婚配七项圣事。

进入苏黎世联邦工技学院

“在这些山区中，居住着自由。”诗人席勒在诗中如此描述瑞士。阿尔伯特·爱因斯坦来到这个国家之后，初次感受到生活在充满自由气氛的环境中十分舒畅。

不过最初，他很失望。德国高等学校老师所写的那份证明书，说明爱因斯坦在数学方面具有天分，但他仍然无法直接进入瑞士联邦工技学院就读。校方告诉他，他可以参加入学考试。

一连六个月，爱因斯坦发狂似的温习他在慕尼黑读书时所忽略的一些课程。由于他一直未曾在演说或背书方面表现出特殊的才能，因此，他的老师们都认为他很笨，其他老师也犯了相同的错误。当年，意大利最伟大的作曲家之一威尔第，曾被米兰音乐学校所拒收，因为他“显得对音乐没有兴趣”。诺贝尔奖得主麦克森当年在安纳波里斯的美国海军军官学校就读时，一位长官斥责他说：“只要你对这些科学事务少注意一点，多多用心学习海军炮术课程，也许有一天你会对国家有所贡献。”另一位举世闻名的科学家达尔文曾被爱丁堡大学开除，他们认为他是一个不可救药的失败者。

过去，几乎所有教过爱因斯坦的老师都说他是一个反应迟钝的学生，使他感到很泄气，对于自己并不特别感兴趣的功课也就不想学习了。所以在这次入学考试中，他的数学及物理成绩相当好，但在

名人名言

通向人类真正的伟大境界的通道是一条苦难的道路。

——爱因斯坦

爱因斯坦与妹妹

动物学、植物学及语文方面，则糟透了。幸好，工技学院的院长对于爱因斯坦在数学方面所表现的优异成绩大为震惊，开始对这位年轻的陌生人产生了兴趣。他建议爱因斯坦研习他考砸了的那些课程，并向他介绍了几所瑞士预备学校。

阿尔伯特·爱因斯坦虽然担心再度面临像德国高等学校那般令人痛恨的不自由生活，但却不得不在亚劳镇的一个学校里注册。而后他发现这儿的学校并不像军营，不必出操，老师们亦诚心帮助学生们养成独立思考的习惯。任何学生都可向老师请求指导，或者讨论学生们在功课上所遇到的问题，学生还可以做物理及化学实验。这间学校的小型博物馆拥有各种标本及显微镜，使得研究生物学变成一项愉快的事，而不会令人感到厌烦。爱因斯坦在这所学校愉快地念了一年，并获得一张文凭，使他得以进入苏黎世的工技学院。

在这家学校里，爱因斯坦再度感受到自由与友好的气氛，使他高兴异常。他在众多同学当中结识了几位好朋友，他们之中有好多位都是来自外国。有的是来自受政治压迫的国度，他们告诉这位德国大男孩，他们在罗马尼亚、俄国及其他东欧国家的同胞们正忍受着暴虐的统治。他们谈到饥饿问题，以及受压制的民众缺乏教育，急需进行革命等。爱因斯坦很同情地聆听着，心中梦想着有朝一日全世界的人都能同享自由。他不再认为自己是一个德国人，他希望做一个世界公民。

这些外国学生当中，有许多人渴望在毕业之后立即回国，去教导他们那些不幸的同胞。他们都很努力学习，毕业证书固然重要，但仍比不上学习的重要。做老师的怎么可能忽视如此狂热的学习情绪呢？一位几何学教授——海姆博士，所讲授的课程极为精彩，即使最懒惰的学生也要抢着在清晨7点钟端坐在拥

挤的教室里。爱因斯坦有时候忍不住在心里想道：如果我有朝一日成为一名教授，我的讲授是否能吸引学生们提早起床赶来听呢？

物理学研究最主要的目的是量度及能量。诚如爱因斯坦先前对他父亲所说的，他现在对数学的兴趣已经降低，因为数学本身只不过是他作量度时所需的一项工具。牛顿解释了许多问题，但当他繁忙、丰富的生命接近尾声时，他说：“我就像是一个在海滩上玩耍的小孩子，现在才发现许多比我手中更漂亮的小圆石或贝壳，而真理就像无垠的大海展现在我面前，尚未予以探测。”爱因斯坦想要航向那个广阔的知识海洋。英国科学家牛顿留下了一两项神秘的事物，需要年轻一代的科学家去探讨。爱因斯坦知道，人们的知识实在极为有限。如果一个人想要了解整个宇宙，那么他所要学习的东西实在太多了。

他现在不仅要应付指定的功课，而且还自己研读大学图书馆中有关的书籍。起初，他独自一人研读，后来他连续几个晚上都和一位匈牙利女同学米列娃·玛利兹研读及讨论科学问题。她比爱因斯坦大几岁，有着娇小的身材，表情严肃，动作敏捷。跟当时绝大多数的女学生一样，她的思想十分活跃，衣饰朴素，除了本身的功课之外，对什么都没有太大的兴趣。当时正好是“新女性时代”的黎明，这些女大学生们觉得她们必须证明自己值得接受刚刚加在身上的特权。

米列娃虽然很少说话，但她十分专注地聆听爱因斯坦诉说他在准备功课时经常涌现在脑海中的一些新想法，或者听他朗诵一些伟大的物理学家的作品。有时候她也会谈谈自己的抱负，像何必把自己的一生葬送在老式女人所谓的“厨房、教堂及孩子”三项“妇德”之中等。她拥有不亚于男人的头脑及野心，相信自己总有一天会对科学界做出贡献。爱因斯坦完全同意她的说法，他非常敬佩她的智慧，并且

大科学家牛顿

音乐大师莫扎特

发现她是一位令人满意的同伴。

爱因斯坦只要有多余的钱，就去听音乐演奏或观赏歌剧。但这种机会并不多，因为他无力享受太多这种乐趣。他父亲的生意很不顺利，甚至无法为他的儿子寄去一小笔零用钱。幸好，有位富有的亲戚自愿每个月资助爱因斯坦一百瑞士法郎，这笔钱已足以应付他的生活费用了。但他每个月还要存下二十法郎。他希望存下足够的钱，以便能够支付登记成为瑞士公民所需的费用。他喜爱这个国家及其人民，打算从工技学院毕业之后，立即花掉他辛苦存下的钱，成为他们中的一分子。

如果他想暂时放下功课轻松一下，拉拉小提琴是不必花钱的最好方法，有时候他演奏巴赫的作品，但还是以莫扎特的作品为主，他对莫扎特的喜爱已经超过贝多芬。“莫扎特是如此的完美，”他经常说，“欣赏的人根本不知道他是如何达到如此完美的境地。”有时候爱因斯坦也自己作曲，以表达自己的思想及情绪。他回到意大利与家人度假时，母亲经常怪他没有把他所作的曲子记录下来。爱因斯坦只是哈哈大笑，然后走到他小时候经常依靠的钢琴边，愉快地听他母亲弹奏。不时即兴作些迷人的小曲子——只弹奏一次，此后就永远不再出现。

和大学同学米列娃结婚

在1900年秋天，经过在工技学院四年的研读之后，爱因斯坦拿到了他的文凭。这位二十一岁的大学毕业生很高兴他不必再依赖有钱亲戚的资助。他觉得艰苦的日子已经过去了。他对于必须穿着破旧的衣服以及吃些简陋的餐点永远不觉得伤心，因为他很少注意自己的衣食。他很高兴终于能从事他认为一定是他终身事业的工作——教书。

他希望当一名好教师，而不是一名教官。当上教师，他就可以避免在他一向害怕及痛恨的商业世界中进行挣扎及竞争。当一名教师，他将有

※爱因斯坦最大的愿望就是当一名教师。他的诸多科学成果已经被全世界的人们所学习

※瑞士城市风光——斯德哥尔摩

多余的时间做更进一步的物理学研究。他知道，当他写信告诉母亲说，她那位经常惹麻烦而愚笨的爱因斯坦最后终于成为一名教授时，她一定会十分骄傲且高兴。

但是，他所希望踏上的路途却充满着阻碍，他最初希望在工技学院当一名教授的助手，从而展开他的教学生涯。他的许多老师曾称赞他的实验工作，有几位教授甚至答应替他在学院里找份工作，因为他在学院的成绩相当突出。不料，当爱因斯坦毕业之后，却没有人能够或者愿意协助他，也许他曾经树立了某些敌人，这些人甚至阻止他接受最微贱的工作。

他仍充满了希望，心想，也许可在一间较小的学校展开他的教学生涯，很不幸的是他还未取得瑞士公民资格。虽然他信仰一种全球性的宗教，并对他父母的信仰失去了全部兴趣，但他仍然被认为是一位犹太人。在当时，瑞士可能是世界上最开放的国家，但是多数瑞士学校仍然不愿聘请一位既是犹太人又是外国人的生手。

一年后，爱因斯坦受聘担任温特瑟一家工技学校的教师，任期只有一学期。许多学生的年纪都比他大，爱因斯坦敏感地觉察到他们对他的不悦，因而感到尴尬和闷闷不乐。但他力求表现，决心要获得成功。于是当他在温特瑟的任期结束时，已赢得了学生——甚至最淘气的学生的尊敬。

接着他找到了一份私人教师的工作。他以前在读大学时也曾做过家庭教师，他所教的两个小男孩可说是相当成功。他们住在由一位小学教师管理的宿舍里，这位教师后来发现，爱因斯坦由于对自身的工作极有兴趣，而且采用独立的教学方法，因此完全掌握了他的学生。

爱因斯坦此时已是瑞士公民，可以申请担任公务员了。他大学时代的一位朋友将他介绍给伯恩地方的专利局局长。爱因斯坦在这方面虽然毫无经验，但经过漫长而严格的考试之后，他终于在专利局里获得了一份工作。这是爱因斯坦一生中第一次获得的固定而高薪的工作。

他觉得，拥有一年三千法郎的

薪水应该可以结婚了。于是他选择了老同学米列娃做他的太太，因为她一向能够了解他的梦想。

米列娃在大学时代虽然很同情他，但是，现在却发现自己很难胜任当一位选错行业且又满腹牢骚的梦想者的妻子。她现在已不再是一个学生，似乎对他关注的问题也失去了兴趣。

“我知道你在专利局的工作很沉闷，”她满怀抱怨地说，“但至少你是在使用你的头脑。偶尔你还可以找点时间稍微看些科学书籍，或写点什么，你仍然在学习及成长中。但是，我整天忙着缝衣、煮饭及刷刷洗洗，到了晚上已经累得疲惫不堪，甚至连打开一本科学杂志的力气也没有，以前所受的教育对我有什么用?”

不久，她的两个儿子，汉斯和爱德华相继出生，使得这位野心勃勃的年轻妇人更难以做她丈夫的智慧伴侣，于是他们两人开始疏远。米列娃虽然深爱着她的孩子，但一想到她为他们而牺牲了前途，心里就觉得无限酸楚。爱因斯坦总是自认为自己是一个独立而自主的人，但实际上仍然需要照顾。可是，米列娃既没有时间也没有情绪去照顾他。

爱因斯坦是位尽职的好父亲，当他推着婴儿车走到街上晒太阳时，心中早已计划要送他们上大学了。每天晚上他总要帮助孩子们用他们的彩色积木建造城堡和桥梁。汉斯上学以后，做父亲的喜欢出些问题考他，以锻炼他的头脑。爱因斯坦在心里想道：他是位聪明的小伙子，也许他长大之后不会像我这样没出息!

两个儿子中，是否有人继承他对音乐的爱好?爱因斯坦不禁在心里琢磨着，并回想起当年自己在就寝时间过去很久，仍然偷偷坐在楼梯上，聆听母亲弹奏的情景。而现在，在自己的小提琴乐声或者朋友们在这栋瑞士小公寓中演奏的音乐声中，孩子们仍能安然入睡。

“儿子们必须要学习钢琴，”他告诉米列娃，“不久，我们就可举行属于自己的家庭音乐会了。”

爱因斯坦家里的客人中，通常都有几位研究生，他们往往一面吃着米列娃准备的简单点心，一面讨论科学问题，往往讨论的声音大而且激烈。有一次，半夜以后，突然有一位邻居跑来敲门。邻居愤怒地说他并不是一位学者，受不了他们这种无聊的争论。邻居又说：“既然他不知道他们究竟在吵些什么，大家何不各自回家，让我们好好睡上一觉?”

爱因斯坦把自己在专利局的

※苏黎世美丽风光

工作戏称为“鞋匠的工作”，日复一日，每天所做的都是相同的工作，使他少有机会运用自己的知识及才能。任何发明家若想获得对他某项发明产品的专利保护，就必须把那项发明产品的完整说明提交给专利局，爱因斯坦的工作就是把这些说明以最简短而最清楚的方式加以改写。虽然，爱因斯坦当时并不知道，但事实上，当时在专利局所学到的，后来对他确实有极大的益处。因为他在专利局学会了如何从桌上的每一件发明说明书中摘取重点。这项训练后来变得十分有价值，尤其是在他提出新的科学发现时，更为有用。

他告诉自己，他的终生工作不是教书，他承认在那方面是个失败者，但是，如果他从事实验室助手的工作，所赚的钱怎能维持生活呢？他在专利局的工作至少可以维持他的小家庭，何不因此感到满足，而把成为一名物理学家的梦想永远放弃呢？

但是，每天检查这么多的发明，却引起了爱因斯坦对发明的兴趣，他制作了一些供实验室使用的新仪器。例如他发明了一种可以测量微量电流的仪器。有时候，他会把桌上的报告推开，从抽屉中取出一张写满他自己计算的数字的纸张。这些数字和专利毫无关系，只是想要证明经常萦绕在他脑海的一个想法而已。当他在专利局工作时，或者推着婴儿车走在街上时，甚至在家庭音乐会中聆听朋友的演奏时，爱因斯坦都经常在思索新的问题以及如何解决这些问题。

在这段时间内，他为一份科学杂志《物理学年报》写了四篇论文。其中一篇是他的毕业论文——爱因斯坦已在苏黎世大学完成研究工作，并得到他的物理学博士学位。即使这位二十六岁的专利局职员以后再也不写任何东西，这四篇科学论文已足以建立他的名声。到了1905年，他写了第五篇论文，这篇论文一经发表，使得全世界每一位物理学家都把眼光投向瑞士的专利局。

知识链接

米列娃·爱因斯坦

米列娃出生在匈牙利塞尔维亚的一个富裕家庭。从小聪明好学，高中毕业后，父母将她送到瑞士的一所女子学校深造。19世纪末，女大学生堪称凤毛麟角。后来，她转学到苏黎世，因为在别的地方，女学生不能参加考试。

刚到苏黎世时，她报名学医，但随即就改变了主意，改学物理学和数学。当时，她与爱因斯坦是同班同学。

与爱因斯坦相爱后，两人形影不离，一道学习，一道讨论科学问题。1901年，爱因斯坦在写给她的信中说："如果要把相对运动课题做成功，只有你能帮助我。我是多么地幸福和自豪！"

不顾家庭的反对，爱因斯坦与米列娃于1903年正式结婚。当时，爱因斯坦在专利局工作，职位是"三级技术专家"。同年，爱因斯坦开始写博士论文时说："我需要我的妻子，她能为我解开数学上的难题。"

对米列娃来说，放弃个人事业完全是为了婚姻和爱情。她是如何从失去女儿的困境中解脱出来的，迄今无人知晓。婚后，她把心思完全放在了丈夫身上，尽一切努力帮助爱因斯坦。她包揽了全部家务活，为了挣钱补贴家用，她还办了一个大学生家庭旅店。

1904年，他们的儿子出世，取名汉斯·阿尔伯特。1905年是爱因斯坦的收获之年，他在这一年发表了五篇引起自然科学革命的论文。米列娃骄傲地告诉女朋友说："我们完成了一项重要的工作，它能让我丈夫一举成名！"1909年，爱因斯坦在苏黎世获得教授职位。1910年，他们的第二个儿子出世，但这个小家伙和他的姐姐一样命运不济，一生患有精神病。1914年，米列娃阻止爱因斯坦前往柏林到皇家普鲁士科学院工作。1916年，爱因斯坦写信给米列娃要求离婚。1919年，米列娃同意离婚，但她提出要分一部分诺贝尔奖奖金。

人世间的一切幸福皆离米列娃而去。为了给小儿子爱德华治病，她几乎花光了全部积蓄，后来，只能靠教钢琴维持生计。20世纪30年代，她的大儿子偕妻子和孩子去了美国，米列娃一直留在瑞士，照顾自己生病的小儿子，几乎过着隐居的生活。

1948年，这位坚强的女性在苏黎世的一家医院与世长辞。

知识链接

爱因斯坦四篇划时代的论文

爱因斯坦在1905年共发表了四篇划时代的论文，分别为：《关于光的产生和转化的一个启发性观点》《根据分子运动论研究静止液体中悬浮微粒的运动》《论运动物体的电动力学》《物体惯性与其所含能量有关吗？》，随后导出了$E=mc^2$的公式。因此这一年被称为“爱因斯坦奇迹年”。一百年后的2005年因此被定为“世界物理年”。

1905年3月发表的《关于光的产生和转化的一个启发性观点》，认为光是由分离的粒子所组成。爱因斯坦解释光也是由小的能量粒子（量子）组成的，并且量子可以像单个的粒子那样运动。“光量子”理论把1900年普朗克创立的量子论大大推进一步，对早已成为定论的光的波动理论提出有力挑战，揭示了微观世界的基本特征：波动—粒子二元性。

1905年4月根据在咖啡馆里关于茶的讨论，爱因斯坦写出一篇论文，论证可以根据糖在液体中的扩散速度来计算糖分子的大小，这就是《根据分子运动论研究静止液体中悬浮微粒的运动》的论文。

1905年6月30日，在德国《物理学年鉴》发表《论运动物体的电动力学》一文。首次提出了狭义相对论基本原理，论文中提出了两个原理：“光速不变”以及“相对性原理”。

1905年9月27日，德国《物理学报》刊出《物体惯性与其所含能量有关吗？》，认为“物体的质量可以度量其能量”，随后导出了$E=mc^2$的公式。

苏黎世大学

瑞士苏黎世大学成立于1833年，是瑞士最大的综合性大学，是一座享有国际声誉的教育和科研中心。共分为七个系：神学系、法律系、经济学系、医学系、兽医学系、哲学系、数学—自然科学系。以商管类研究生课程闻名于世，与维也纳经济管理大学共称欧洲之首。苏黎世大学在分子生物学、大脑研究和人类学等领域具有开拓性的研究实力。其大学医院和兽医医院，也具有一流的设施和技术。第一届诺贝尔物理学奖得主——X射线的发现者伦琴就是苏黎世大学的高材生。

苏黎世大学是瑞士规模最大、课程范围最广的大学，虽然创建于1833年，但它的历史却可以追溯到1525年，以及新教改革家乌尔里希·茨温利的时代。《大不列颠百科全书》就把它的建校时间定为1523年。

※苏黎世大学法律图书馆

1833年，原有的神学院、法学院和医学院合并，与新成立的哲学院一起组成苏黎世大学。这是欧洲第一个由民主国家而不是由封建君王或教会创办的大学。第一年注册的学生有：神学16人，法学26人，医学98人，哲学21人。教师有26位教授和29位讲师。当时的创建人雄心勃勃，梦想着有一天这所州级大学能成为瑞士联邦大学。

但这一点并不影响它最终成为一所综合大学，大学的精神之父、后来的古典哲学教授约翰·卡斯帕·冯奥雷利毫不含糊地在给友人的信中写道：必须建一所苏黎世大学，而且必须让它，只能让它成为瑞士大学。

1855年，享誉世界的瑞士联邦理工学院成立。此后它与苏黎世大学一直在一个校园。教员也是苏黎世大学提供。1859年，哲学院分为文科系（设哲学、语言、历史等科）和数学—自然科学系。1883年建校五十周年时，已经有学生463人，教师91人，其中教授37人。1901年，苏黎世大学成立兽医学系。1905年，学生首次突破1000人。1908年，苏黎世州与瑞士联邦政府签订协议，将苏黎世大学和瑞士联邦理工学院合并。1914年苏黎世大学迁至今天的所在地。

1933年百年校庆，苏黎世大学学生达到2033名。

相对论的发表

这位满头黑色卷发、两眼深陷的年轻人，站在编辑台前。

“我又写了一篇论文，准备交给贵社发表。”他说。

“哦，爱因斯坦博士，我已经收到好几封讨论你那四篇论文的信件，有些评论对你的研究十分恭维，有的可就相当不客气了。你今天带来的是什么论文？”

这位专利局的职员从他发皱的外衣口袋里拿出一包东西。编辑迅速翻阅了这叠写得密密麻麻的信纸。

※爱因斯坦纪念奖牌

“嗯，共有三十页。”

“印出来的话，将会较短一点。”爱因斯坦向他保证。

“我现在所编的这一期，稿子已经相当挤了。”

爱因斯坦脸上微微一红，“如果能够挪出一点篇幅来，我希望把这篇论文刊登出来，”他说，“我相信读者们一定会对这篇文章深感兴趣的。”

论文发表后，引起了全世界物理学家的注意。有许多科学家对“相对论”写过研究报告，有的提出很聪明的见解，有的却显得极其愚蠢。在纽约的公立图书馆中，有五百多册有关相对论的书籍及小册子，不是攻击爱因斯坦的理论，就是为他辩护。最初，有一个很普遍的说法：在整个世界上只有十几个人真正理解爱因斯坦的相对论！但到了今天，任何一位研习物理学的大学生都可以理解了。

爱因斯坦第一次在美国就相对论发表演讲时，随口说了一句：“这个理论十分简单。”挤满整个大厅的听众却爆笑不已，令爱因斯坦大吃一惊。他并不是有意以一句玩笑话来冲淡别人对他的注意。他认为，他所解释的一切，对于那些了解他用以解释这项理论的数学符号的人来说，实在是相当简单的。他当时没有想到，数学有它自己的语言，而只有懂得数学语言的人，才能了解他的理论。

有意思的是，一个显然已经失败的实验，却为爱因斯坦提供了这个理论的线索。在1905年他发表这个理论后，许多人称赞他是人类有史以来最伟大的科学家。

在1887年，当爱因斯坦还是慕尼黑一位闷闷不乐且又未获得赏识的学生时，两个美国教授，麦克森和摩雷，正在研究一项奇妙的问题。所有的科学家都知道地球环绕太阳转动的速度。但这两位科学家则试图找出地球在太空中轨道前进的速度。

一个移动的物体在碰到阻碍时，速度就会放慢。如果你要求一位游泳选手逆着河流往上游，而让他的对手顺流而下，那么他必定会拒绝参加这种比赛。现在，当麦克森和摩雷利用顺逆两方向测量光的速度时，他们感到很困惑。

摩雷教授是化学家，麦克森教授是一位实验物理学家。他们不断发明奇妙及精巧的仪器，以协助他们探测大自然的真相。

为了测出绝对正确的光速，这两位科学家设计了一套精密的仪器。这套仪器分别仿照了顺流或逆流游泳者的情况，把两根管子安置在每一种情况的适当角度里，如果其中一种顺着地球自转的方向移动，则另一个必定是沿反方向移动。每根管子的末端各放上一面镜子，然后在绝对相同的时间内把一道光束射入管子内。

当然，这两位教授预测，其中必然有一道光束比另一道光束提早反射回来。逆流而上的游泳者将损失较多的时间；逆着空气流动方向而行进的光束必然要花更多的时间。但是，虽然这两个教授把这两根管子移动到各个方向，这两道光束的速度却一直没有任何差别。

“我们的实验有什么错误的地方?为什么两道光束到达镜子的时间总是一样?难道空气中没有我们在河流中逆流而上时所遭遇的那种‘逆流’吗?难道地球在其中移动的‘以太流’并未对光线形成阻碍?”

这两位科学家确定，伽利略已在很久以前证明了地球确实在太空中移动，因此他们试了一遍又一遍，企图找出他们所实验的两种情况的光束速度之间的不同，但一直无法发现这两种光速的差别。麦克森和摩雷最后终于感到沮丧了。既然已经证实地球是移动的，为什么他们

知识链接

以 太

以太（Ether）是一个古老的名词，它的含义也随着历史的发展而发展。

在古希腊，以太指的是青天或上层大气。在宇宙学中，有时又用以太来表示占据天体空间的物质。17世纪的笛卡尔是一个对科学思想的发展有重大影响的哲学家，他最先将以太引入科学，并赋予它某种力学性质。

在笛卡尔看来，物体之间的所有作用力都必须通过某种中间媒介物质来传递，不存在任何超距作用。因此，空间不可能是空无所有的，它被以太这种媒介物质所充满。以太虽然不能为人的感官所感觉，但却能传递力的作用，如磁力和月球对潮汐的作用力。

后来，以太又在很大程度上作为光波的荷载物同光的波动学说相联系。由于光可以在真空中传播，因此惠更斯提出，荷载光波的媒介物质（以太）应该充满包括真空在内的全部空间，并能渗透到通常的物质之中。除了作为光波的荷载物以外，惠更斯也用以太来说明引力的现象。

但到了20世纪初，爱因斯坦则大胆抛弃了以太学说，认为光速不变是基本的原理，并以此为出发点之一创立了狭义相对论。虽然后来的事实证明确实不存在以太，不过以太假说仍然在我们的生活中留下了痕迹，如以太网等。

这样看来，机械的以太论虽然死亡了，但以太概念的某些精神（不存在超距作用，不存在绝对空虚意义上的真空等）仍然活着，并具有旺盛的生命力。

的实验却指出地球是静止的?这种发现相当新，且又令人感到困惑。

这个问题不仅困扰麦克森和摩雷，也令当时的一些杰出物理学家大惑不解，爱因斯坦在他的论文中回答了这个问题。这两位美国教授并未失败，他们在十八年前即已正确地测出光的速度。因为，爱因斯坦现在已经证明，光的速度都是相同的。还有，光速是唯一的定值，不管是在何种情况下测量，都是一样的。

但是，为什么光速在空中移动时不会遭遇任何阻碍?爱因斯坦解释说，这是因为，任何实验都不可能测出宇宙中的绝对移动。牛顿说过：在遭遇外来的力量之前，每一种物体都维持着其原来的状态，不是静止，就是处于它自己独特的移动中。爱因斯坦现在则宣称，在地球或整个宇宙中的任何地点里，没有一样东西是静止的。他指出，每一样东西都是在移动中的——从原子到星星，每样东西都是移动的。

爱因斯坦继续表示，在这样的一个宇宙中，一切都在移动，没有任何东西是静止的，因此，每一样东西和它接受观察时的环境，都是相对的。

相对论的学说，对这个世界来说，是绝对新奇的学说。大象跟老鼠比较起来，无疑是庞大的，如果把大象放在摩天大楼旁边，就显得出奇的渺小了。这是体积上的“相

对”。当一个人按下电梯的电钮“上”或“下”时，他就会感受到位置的“相对”了。

在此之前，科学家们一直认为，物理世界中的某些事实是“绝对的”，在任何环境下都不会改变。物理学家测量长度、重量和速度，当然，他们的量尺、体重计及时钟，给了他们正确的答案。爱因斯坦的理论引起了全世界的震惊，因为他为绝对的物理科学的事实，带来了相对的事实。他对我们所居住的世界提出一项崭新的想法。他赢得了令人震惊的名声，而且他的一个又一个理论在其他科学家的实验室获得证实，更加强了他的名气。

有关相对论的一个最熟悉的例子，就是移动的物体。当一个人坐在疾驰的火车上时，座位和乘客显然是静止的，而树木和电线杆却从车窗外呼啸而过。一位站在铁轨附近的农村男孩，却只看到火车呼啸而过，而树木和电线杆则静止不动。在这列火车以时速96千米的速度移动时，地球正以每秒29.7千米的速度绕着太阳旋转。与此同时，地球、太阳和整个太阳系一起朝着一颗遥远星球的方向前进。

如果一个人能够站在太阳上，并用望远镜眺望，他将会看到地球和火车在底下移动。另一个观察者如站在这太阳系最近的某一个星球上，由于它的距离极远，它的光需要四年的时间才能到达地球，那么，这位观察者要在四年后才能看到太阳、地球及移动中的火车正一起在太空中移动。火车、地球及太阳的运动，都是和观察者的位置相对的。

但是，如果在太空中的移动是相对的，那么，时间的相对性呢？

在爱因斯坦提出他的学说之前，牛顿和其他科学家指出，时间是绝对的，整个世界都在变化，但时间却是持续不变的。他们同时认为，空间是向四面八方延伸的，并无止境的。

爱因斯坦打破了牛顿理论的传统，为我们提出了关于时间和空间的一种新看法。

他认为每一物体都有三个空间，而且由于每件事物实际上是在移动及变化的，因此，这个世界实际上即存在于三度空间中——另外加上一个第四空间。爱因斯坦认为，时间就是这个所谓的第四空间。

从旧金山到纽约，以前，一辆篷车必须花上一年的时间走过河流、草原及高山，才能来到太平洋沿岸的荒凉垦殖区。但现在一架飞机不到十二个小时就可以完成这段旅程。

在爱因斯坦的宇宙中，不管是时间或空间，都不会以同一个固定的方式永远持续下去。它们两者将随着观察者的位置和速度作相对性的改变。

那么，爱因斯坦又如何说明时间的运行呢？

我们是根据地球本身自转的演进来计算日子，以地球环绕太阳的行程来计算年数。由于木星环绕太阳一周的时间比地球长，因此，木星上的一年比地球上的一年长了许多。

如果我们能克服一切不可能的因素，而以光速去旅行，那么将没有时间的存在——每件事情都可能立即发生。在我们接近不可思议的光速时，不仅我们的手表将慢下来，就是我们的脉搏也将变得缓慢，即使是在原子内部运转的电子也会越来越慢。如果我们的速度能超过光速，那么我们实际上将在时间上后退，这种情况就如同那首著名的五行滑稽诗中那个令人惊讶的女英雄——

有位年轻的女郎名叫光阴
她的速度更快于光
她有一天出发
在相对论的方法下
回到家时却是前天晚上

爱因斯坦在他有关相对论的第一篇论文中，又叙述了另一项十分重要的理论：一个物体的质量，须看这个物体移动的速度而决定。当物体移动得越来越快时，他的质量也就越来越大。没有人曾经测量过质量在这方面增加的情况，因为这种变化是极其微小的，无法以任何普通的速度来加以计算。因此，在1905年时，科学家们并不知道爱因斯坦的理论是正确还是错误。但是，在以后的几年当中，他们学会了如何测量微小的电子质量，同时也学会了如何加强电子的运转速度，使它们的速度能达到每秒14.97万千米，也就是光速的一半。到这时候，实验室中的科学家们方才发现，爱因斯坦的预测是正确的。

以前的人认为，物质和能量是完全不同的东西，物质是固体的，像一块岩石。而能量是测定一个物体移动的速度有多快，或者它有什么功用。爱因斯坦则指出，物质和能量实际上有十分密切的关系。以一半光速运转的电子拥有相当惊人的能量，因为它移动得如此迅速，使它的质量大为增加，于是能量变成质量。

相反，物质也可以转变成能量，爱因斯坦实际上已能算出隐藏

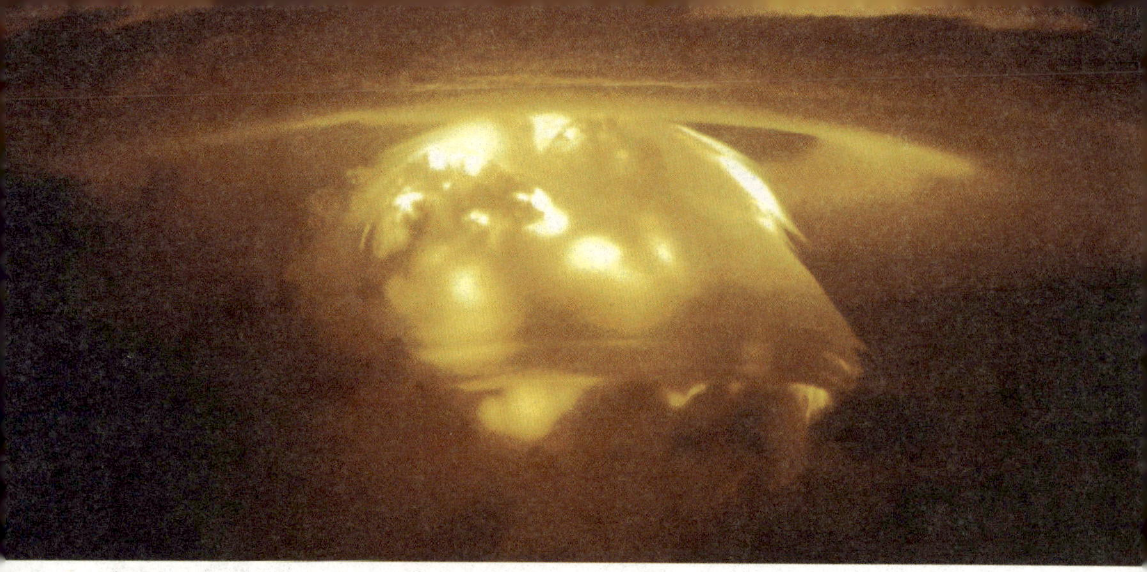

原子弹爆炸

在任何一块物质中的能量。他那个著名的公式，也是我们在本书中提到的最重要的一项公式是：$E=mc^2$。分开来解释，它的意义如下：

*E*表示能量（每一物质的质粒中的能量）

*m*表示质量（或者物质的重量）

*c*表示光速

2表示数字自乘一次平方（例如，5的平方等于25）

因此，$E=mc^2$的整个意思就是说，每个物质中的能量，等于物质的质量或重量乘以光速的平方。

光速是每秒30万千米，把这个数字自乘一次，你就可以知道从一小块物质中可以获得何等惊人的能量数字了。仅仅是一克的物质，如果能将它转变成能量，则其能量等于大约2500瓦的电力。

这项惊人的公式，科学家们把它应用在令人震惊的两项发明上。

第一是这个公式解释了太阳的秘密。太阳为什么能够连续发出光与热达几十亿年，而不会像一块煤炭般被烧成一团灰。以爱因斯坦学说为研究依据的科学家们，把这项公式应用在太阳内部的原子上。这些原子存在于几百万度的高温中。在这种情况下，部分原子仍不断地把它们的质量转变成能量。

第二项发明的结果震惊了全世界，而那时距在瑞士发表的第一篇有关相对论的论文，已有四十年之久了。科学家们更进一步地研究原子能的其他功用，他们学会了如何把铀原子转变成能量，并由此制造了原子弹。

相对论的正确性获得证实

由于爱因斯坦提出相对论理论，向牛顿爵士在两个世纪之前所提出的万有引力理论挑战，因而他有时候也被称为“20世纪的牛顿”。

由于经过很长的一段时间，一直没有人能够对牛顿的理论增添新的见解，因此世人认为牛顿的万有引力理论的地位已经永远确立了。然而，现在爱因斯坦却在这更为普遍化的第二项理论中，研究出一项更广博的情况，其中包含了牛顿的理论以及某些有关宇宙中极大和极小事物的惊人新事实。

爱因斯坦并不想破坏牛顿的世界。他只是将其扩大，使其更为广泛，提出一个更为简单的宇宙形象。

这项“场理论”的新理论，最初是由两位英国人

※大英图书馆前的牛顿雕像

名人名言

凡在小事上对真理持轻率态度的人，在大事上也是不可信任的。

——爱因斯坦

马克斯威尔和法拉第在一百年前提出的。他们两人主要是研究磁力与电力的，并获得许多实际的结果，其中包括发现如何用交流发电机制造电力，以及如何在马达中使用电力。间接地，他们的发现导致了被视为现代奇迹的一些发明，如雷达及无线电。他们从观察中发现，在磁铁场范围中的所有铁器都受到吸引，因而发展出磁场的理论。

爱因斯坦说，现在我们也可以同样地把万有引力想象成在太空中的一个场。像太阳或星星这些巨大的物体，都会建立巨大的万有引力场。即使是小如地球的星体，也能吸引40万千米外的月球。这种万有引力的大磁场威力十分强大，足以使光线曲折，之前从来没有人想到光线会受到万有引力的影响。

更具革命性的是爱因斯坦的另一项声明：太空是呈曲线形状，星球只不过是遵循最简单及最自然的路线旋转。每条河流，不管大小，最后都流入大海。它所流经的地面并不平坦，但河水顺着最容易的路线流动，同样，天体运行的路线也是一样的。

如果一位飞行员想要从美国飞往中国或印度，他最短的路线并不是如世界平面图所显示的，画一直线横渡太平洋；他必须在极区上空绕一个大圈子，然后沿着地球的另一边飞下。星球及流星在太空中旋转，它们进行的路线并不是直线，而是很大的曲线，就如同飞行员飞越极区一般。

直线并不永远是两点之间最短的距离，这是许多人所难以理解的一项新观念。

爱因斯坦使全世界感到震惊的，并不只是因为他宣称太空是曲线型的，他还宣称，太空是有限的，并不是永恒无限的。他说，从太阳或其他许多大星星发出的一道光线，沿着曲线前进，在十余亿年之后，这道光线将会回到它原来出发的地点。这表示整个宇宙，就像一个球体的表面，是有限的，但没有特定的界线。

爱因斯坦对于他这些惊人的发现，曾作过令他自己感到满意的证明。不过，他也建议过几项证据，可由科学性的观察获知，其中一项实验是经由分光器研究从星星发出的光，这样的研究证明爱因斯坦的学说是正确的。其他的证据则有待天文学家去证明。

根据牛顿定律的基础，所有其他星球的运转，都可以做正确的解释。但对水星的小运转，却一直无法予以进一步的解释。

水星这种极其微小的逸出轨道

※日全食

的运转，引起了爱因斯坦的浓厚兴趣。他最后认为，水星每年以极微小的距离偏离其轨道，因为水星比我们的地球更为接近太阳。这也表示，太阳引力场对水星的影响更为强烈。天文学家做过无数艰苦的统计实验，终于证明爱因斯坦的预测是正确的。

但是，爱因斯坦说，光线受到引力的影响，又有什么证据呢？爱因斯坦认为，跟太阳位于天空同一地区的星星，它们的运转路线可能有所偏差，因为它们的光线经过太阳时有点弯曲。在普通情况下，我们看不见这些星星，因为太阳光线太强了。我们只能在日全食时经由望远镜观察。全世界的科学家都急于观看这种景象，以证明爱因斯坦关于光线曲折的预测，是正确的还是错误的。

1911年，爱因斯坦在布拉格发表了他最重要的一篇论文——《对万有引力及其对光线的影响的研究》。他本人呼吁天文学家们应该查证他所发表的这篇论文，以证明接近太阳的光线是否都会曲折。但许多物理学家认为他对这些题目的意见，往往缺乏充分证据，或甚至是出自幻想。如果他错了，他将会很高兴有人证明他的错误。

像这样的研究及调查为什么不能立即进行？有许多原因。其中一项原因是，日全食发生的机会相当少，而且，日全食时，地球上只有少数几处地点能正确地予以观察。天文学家们已经知道，1914年将发生一次全日食，从俄国可以看到这次日全食。

就在那年，一群德国天文学家募足了可以从事这项研究而需要的昂贵的资金，整理好他们珍贵精密的望远镜，动身前往俄国。1914年的夏天，爱因斯坦学说的支持者及反对者一致焦急地等待这些天文学家所获得的真相。

这群德国天文学家安全抵达俄国，但他们却一直无法带回他们所希望观察的日全食的结果。因为变得黑暗的不仅是太阳，战争的乌云笼罩了地球表面。在1914年7月，第一次世界大战爆发，俄国、法国和英国一起向德国宣战。

这群德国天文学家刚踏上俄国土

地不久，马上被当作敌人加以监禁。不管是不是有日全食，他们都没有机会使用他们的望远镜，这群天文学家看不到可能解答他们疑问的满布群星的天空，只能凝视着他们牢房空洞的天花板。一直等到四年后战争结束，和平来临，他们方才获得释放，回到德国。

阿尔伯特·爱因斯坦是位彻底的和平主义者。许多年来，他一直认为，没有任何事情能够使他参加任何战争对抗自己同类。他发现，住在像德国这样好战的国家里，实在十分为难，尤其是战争期间，更感尴尬。幸好，他已取得瑞士公民权，瑞士仍然保持中立，所以爱因斯坦不会被当成敌人看待。虽然也有人背后指责，爱因斯坦教授对他出生的土地欠缺忠诚，但没有人能够指出他不忠的地方。

化学家华特·努因斯特由于研究制作及使用毒气，使得德国的作战能力得到了很大的提升。另一位叫佛利兹·哈伯的人，经由化学实验，发现了制造人造肥料及炸药的方法。由于他们的成果，这两位科学家获得德国陆军少校的官衔。这对哈伯具有很大的意义，哈伯的父母都是犹太人，他一直不停地努力，不仅希望被公认为世界科学界的领袖，更希望被当作一位杰出而爱国的德国人。他不断地催促他的朋友爱因斯坦，要求他接受他的国家主义理想。

但爱因斯坦崇尚和平，仍然继续进行他的研究工作。他对政治从未表现出任何兴趣。为他撰写传记的一位作家说，他喜欢把自己当作世界舞台前的一位观众，冷静地观赏这个世界所发生的一切事情。现在他请求能让他继续在实验室中工作，而不必参加血腥的战争，但那是不可能的。

爱因斯坦曾经说过，对于一个思想家来说，最愉快的工作莫过于担任灯塔管理员。那时他就可以远离现代社会的嘈杂及竞争，从事简单而有用的工作，他可以把自己真正投注于他所感兴趣的有价值的工作中。

但是现在，怒吼声如此之大，这位物理学家想不予理会是不可能的事。所幸，他所从事的工作并不会和战争发生关联。他很高兴自己不是实用科学家，虽然他们由于对毒气及炸药有杰出的贡献，而获得莫大的荣誉，但爱因斯坦却不想得到这种殊荣。不过，在舆论方面，有关单位却希望他站在德国这一边。

1914年，德国宣称，他和孤独无助的小国比利时所签订的条约，只不过是一张废纸。德国后来入侵比利时，给无辜的人民带来死亡及毁灭，世界各国对这种情形深感震惊。全世界的舆论一致指责说：“只有野蛮人才会这样做，为我们带来文学、科学与音乐的德国人怎么能这样做呢?这并不是歌德和贝多芬的德国，这是野蛮人的德国。”

德国政府企图在世界舆论法庭上为自己辩护，他们企图证明不仅是政治及军事领袖支持这项行动，就连作家、音乐家和科学家也同样支持。德国政府特别为此准备了一份文件，有九十二位德国最著名的知识分子联名签署了这份声明。爱因斯坦早就同意法国科学家巴斯特的“科学不分国界”的说法，因此拒绝在这张德国自辩书上签名。由于爱因斯坦不再是一个德国公民，所以政府也就对他无可奈何，不能把他称作叛国者。但有许多德国的偏激分子却不原谅他，希望有一天能使他因为这种“不忠”的行为而尝尝苦头。

在战争期间另一项不方便之处，对于这位爱好和平的教授来说，虽然没有很大的影响，但仍然令他感到苦恼：因为战时很难买到烟丝，而他又特别喜欢他的烟斗。许多年以后，有位宾客在某次的晚宴上说到，爱因斯坦如何呆坐一个多小时，让空空的烟斗叼在他的嘴上。可能是因为很难买到烟丝，无法享受真正的抽烟乐趣，叼个空烟斗多少可以满足他的烟瘾。这也可能是艾莎管理他的日常生活，企图使他戒除少数几种坏习惯之后所养成的一种习惯。基于健康理由，艾莎曾经限制他每天抽烟斗的次数，所以爱因斯坦才会养成叼着空烟斗的习惯。

爱因斯坦在艰苦的学生时代，因为饮食不规律使胃部受损，现在他的胃痛更加恶化。不过他的食欲仍然不错，但战争已使得德国各大城市难以买到食物。他的表妹艾莎是位天生的烹调能手，设法为她的丈夫及孩子们准备出好吃又营养的三餐。

“我知道得很清楚，我们的爱因斯坦是位十分杰出的物理学家。”她笑着呼唤他的小名说，“现在，我们不得不买些没有人知道怎么打开的各式各样的罐头。经常，这些罐头都是不曾见过的外国产品，或者生锈，或者扭曲了，而且没有开罐的工具。”她以骄傲的口气说着，“但是，到目前为止，还没有任何一罐是我们这位爱因斯坦所无法打开的。”

在爱因斯坦教授想法子打开这些顽固的罐头时，艾莎则切着面包片及煮马铃薯，他们一起谈论着许

※第一次世界大战期间，食物紧缺，而面包更多时候成为爱因斯坦的主要食物

多事情。有时候，他们讨论书籍和音乐，并经常谈到家庭琐事：谈玛加的来信，真难以想象当初那位愉快的小女孩，现在已经是一位能干的家庭主妇了；爱因斯坦的儿子还太小，难以预测他们将来是否会成为成功的科学家；爱因斯坦认为，艾莎的小女儿玛嘉特刚刚制成的泥土人像显示这个小女孩具有艺术天分……

在那个为战争所破坏的世界中，这位愉快、能干的妇人为他带来了和平安定的生活，他的寂寞得到慰藉。他开始越来越依靠她在日常生活上的协助。对其他人来说，他是一位伟大的科学家；而对于艾莎而言，虽然没有人比她更为爱因斯坦的声名感到骄傲，但艾莎仍然认为他只是一个不切实际的梦想者，他需要一个妻子来照顾他、管理他，使他能定时用餐以及一定要记着穿上袜子。

艾莎所居住的公寓里有她所喜欢的书籍、图画与鲜花，显得舒适漂亮，爱因斯坦在那里和艾莎闲谈、听音乐，度过愉快的一个晚上之后，很不愿意回到他那间寂寞、凌乱的房间。爱因斯坦认为，像这样愉快的一位家庭主妇，虽然对物理和高等数学丝毫不懂，但却是一位理想的妻子。

有一次有人问爱因斯坦，教授夫人是否了解相对论?爱因斯坦笑着回答，他也不知道她是否了解，因为他一直不曾试着向她解释这项理论。他从来也不会因为她无法分享他的科学知识而感到失望。她对物理学的无知，正好可以帮助他在研究某些困难问题太久之后放松一下心情。她温暖的笑容、轻妙的幽默感，都可以使这个疲倦的男人觉得舒适而疲劳顿消。

艾莎很快就学会了如何在爱因斯坦需要休息的时候，把他从书桌上拉起来，让他参加一群经过仔细挑选的宾客的谈天。有时候，当她感觉他一定不能受到打扰时，就为他准备一盘美味的餐点，送到书房去，使他能继续工作。艾莎奉献了自己的一切，使他感到满足和安定。只有在她去世的时候，使他陷

于悲伤及打击，那是她唯一伤害他的一次。

结婚之后，爱因斯坦夫妇住在柏林一处宁静的温馨的公寓内。艾莎把家里布置得窗明几净，舒适无比。她挑选一些高雅的家具、淡素合宜的窗帘、精美的桌巾，一切都显示出艾莎身为家庭主妇的品位。虽然，爱因斯坦是否会注意到这些摆设，倒颇值得怀疑。不过，爱因斯坦倒是相当欣赏他的书房，它隔离了一切可能会打扰到他的事物，那是一间装饰朴素的房间，有许多书籍和文件。

爱因斯坦的家很快成为柏林许多知识分子及艺术家的聚会场所。只要有人告诉爱因斯坦，来访的客人之中有几位是音乐家，则不难使爱因斯坦离开他的书房。他讨厌参加正式的宴会。他发现，在家中度过一个有音乐的晚上之后，工作起来更能得心应手。除此之外，另一项娱乐就是欣赏歌剧或好的戏剧。

在柏林的最初几年当中，他开始对犹太人的情况产生兴趣。参加第一次世界大战的每个国家都尝到了苦难，而犹太人则是战争中最悲惨的受害者。许多犹太人居住在波兰及乌克兰，经常受到入侵军队的骚扰。全居住区的犹太人经常被迫集体迁徙，或者全部被消灭。古老而著名的犹太文化中心也遭到了毁坏。

第一次世界大战虽然恐怖无比，但却为犹太人带来了一线希望。当英国军队征服土耳其并占领巴勒斯坦之后，全世界的犹太复国主义者开始认为，他们成立祖国的希望已经露出了曙光。甚至在撤退的土耳其军队的枪声仍然清晰可闻之际，居住在耶路撒冷的一群犹太人已开始为希伯来大学安放基石。世界各地的犹太学者欣喜若狂，并且答应协助建校。爱因斯坦也支持犹太研习中心应建立国际性精神的说法。

爱因斯坦一向认为，科学家应成为世界的公民。他的研究工作是集合许多国家、许多人的思想而成的，其中包括了意大利、英国、德国、美国及丹麦等。政治可能把他们的国家引向战争，但科学家应该只追求真理，不管真理是在何处发现，都应该对它表示欢迎。

显然某些科学家也同意爱因斯坦的这种看法。在大战仍然进行期间，英国的一群科学家继续研究爱因斯坦有关相对论的论文。虽然爱因斯坦在德国大学担任教授，但这些英国人并不把他当作敌人，他们只对他的理论感兴趣。

与那群在俄国被逮捕入狱的德国科学家相比，英国的同行在研究

※耶路撒冷

工作方面显然幸运多了。

1917年，战争仍在持续，英国皇家天文学会会长向一些科学家报告说，1919年将发生一次日全食，可以为他们带来一次极佳的机会，使他们得以验证爱因斯坦的理论。到那时候，黑色的太阳正好位于十分明亮的金牛星座的正中央。巴西北部的某处及西非几内亚湾的一个海岛上是最佳的观测地点。

这些科学家们听到这项报告之后，一致认为这是个很难得的机会，但是有谁能够获准通过潜艇横行的大海呢?德国潜艇的威胁，使当时没有人敢离开英国本土，除非有军舰护航。

但是，虽然没有人能够预测战争将在何时结束，英国皇家学会及皇家天文学会仍然充满希望地指派了一个委员会，负责安排这次观测任务。委员会筹集了旅行所需的资金，选定了团员，并买妥望远镜、照相机及所有必需的设备。委员会主席是亚瑟·爱林顿爵士。身为爱好和平的奎克郡人，爱林顿爵士并不认为前去调查敌国科学家的理论是不爱国的行为。

战争在1918年11月结束，第二年初，两支英国探测队出发。为什么派出两支探测队?因为日全食为时短暂；而且很可能因为天色阴霾，无法拍下日全食的情景。英国皇家学会认为，比较保险的做法是在地球上两处不同的地点拍摄日全食情况——一处是巴西北部的索布拉地区；另一处是在几内亚湾的普林西普岛。爱林顿爵士率领第二支探测队，在日全食的前一个月抵达普林西普岛。

这些英国科学家取出他们的望远镜（是当时最精确的）和照相机。当地的土人向这群陌生人提出许多问题。有人很担心地问道，如果太阳真的变黑了，他们怎能确定太阳还会恢复明亮?太阳的黑暗持续几分钟?他们希望这些聪明的人给他们答案，希望不要产生不良后果。

日全食当天的黎明，天气阴沉、多云，科学家们担心会白跑一趟。如果在日全食发生的时候，乌云遮住了星星，那么他们的长途跋涉等于是白费了。

根据爱林顿爵士的描述——

日全食开始时，被日冕环绕的月亮黑色圆盘部分，仍然可从云间清楚地看到，很像是在一个没有星星的晚上，月亮从云间出现的情景。我们别无他法，只有按照原定计划进行，并希望获得最好的结果。一位观察员忙着以最快的连续动作更换相机底片，

※潜艇

另一位则在望远镜的透镜前拿着布幕，控制理想的曝光时间，以避免震动望远镜……

天空的景象十分壮观，据后来冲出的照片显示，一道太阳火焰高悬在太阳表面几千千米的高空中，我们根本连望一眼那种景象的时间也没有。只感觉到地上景象时明时暗，气氛十分诡异，只有观察者的喊声及计时表的滴答声打破长达302秒的日全食时间。

曝光时间从2秒到10秒不等，共获得16张照片。最初的几张照片看不出星星，但在接近日全食末期时，云层变淡了，少数几点影子出现在后面几张照片上。有时候，一颗或几颗最基本的星星被云层遮住，在照片上没法显露；不过有一张照片却很清楚地显出五颗星星，用这来验证是最理想的了。

他们终于获得了这些珍贵的照片。爱林顿和他的工作人员把这些照片中最好的几张，拿来和在伦敦所拍摄的同一星球的照片互作比较。发现在伦敦拍摄时，由于这些星星距离太阳很远，因此不受其直接引力的影响。几个月之后，两支探测队分别返回伦敦，他们所拍得的照片在实验室里经过仔细地测量，并考虑到一切可能的错误。天文学家们用很长的时间严肃地讨论这些可能性，测量这些星星的人员也时时提防发生错误。

1919年11月初，在伦敦一个阴沉而大雾弥漫的日子里，天文学家们参加了一个期待已久的会议，他们全忘了屋外潮湿而恼人的天气，静静地倾听英国皇家天文学会会长做一项宣布。他报告说：“两支探测队所做的观察已经证明了光呈现出1.64秒等值的偏离弧度，而爱因斯坦以纸笔所做的预测弧度则为1.75秒等值。”

参加了这个伟大会议的数学家怀特海，留下了这篇记录：

皇家天文学会会长宣布说，照片已经证实爱因斯坦的预测——光线经过太阳附近时，都会曲折。

牛顿的画像（挂在会长背后）提醒我们：最伟大的一项科学法则，在经过两个世纪之后，终于接受了第一次修正……这是思想上的一大进步。

皇家学会会长汤姆森爵士，他本人是位物理学家，他在演说中描述，现在已获得证实的爱因斯坦理

论为“……人类思想史上最伟大的一项成就”，因为他发现的并不是一个小岛，而是新科学思想的整个大陆。这是自从牛顿发表其万有引力定律以来，与其有关的最大发现。

就在1919年11月7日当天傍晚，伦敦街头的告示牌上以巨大的字体标出当天的头条新闻。行人透过浓雾，凑着昏黄的灯光，可以看到告示牌上写着：“阵亡将士纪念日，各地实施停火。”在那天早上，已有许多人不需别人提醒，把鲜花放在无名英雄墓前。当他们将要移开满含泪水的目光时，也许会稍微停下脚步，瞄一眼第二个标题：“科学上的伟大革命：牛顿理论被推翻。”

爱因斯坦在他柏林四楼的公寓里，小心地打开刚刚从伦敦寄来的一个包装得很好的邮包。他的家人全环绕在身边，他静静坐着，若有所思地凝望着这些星球的照片，这些照片上阴影中透露出的闪烁光芒，终于证实了他的学说。也许在那一刻之前，他并不了解这种证实对他有多大的意义。

有好长的一阵子，他一句话也说不出。最后轻声地自语：“很好，很好！”

他再度研究那些照片。

艾莎的小女儿玛嘉特兴奋得不得了。她说：“好极了，现在大家都将知道那真是一项了不起的理论，因为已经获得了证实。”

爱因斯坦告诉她：“我指的并不是我的理论。我的意思是说，我从没想到有人能够拍下如此好的照片。”

爱因斯坦

两次来中国

爱因斯坦成名后，他应邀到许多国家作巡回演讲，受到各地民众的狂热崇拜。

当时，在内忧外患灾难深重的中国，许多报刊也对爱因斯坦及其相对论进行了及时的报道和初步的介绍。早在1917年9月，许崇清在《学艺杂志》上发表的一篇文章中就提到：方今自然科学界，关于时空(即宇宙)之研究，则有爱因斯坦于1905年发表之相对性原理，此原理以二假定为前提。据戴念祖先生的不完全统计，从1917年9月至1923年的上半年，在我国报刊上先后刊载的有关爱因斯坦和相

※罗素曾赞扬爱因斯坦和列宁为时代最伟大的两位伟人。图为列宁

蔡元培塑像

对论的译文、论著、通讯、报告和文献等多达百余篇，相关书籍十多种。

1921年初，英国哲学家罗素在北京大学作哲学专题系列讲演期间，多次赞扬列宁和爱因斯坦是近代最出色的伟人。罗素的话极大地激发了中国知识界对爱因斯坦及其相对论的热情。当时有人感慨地评论道：就是学术最幼稚的我国，从罗素来讲演后，也无人不知道这相对论的名词。

在中国知识界日渐兴起的推崇爱因斯坦、谈论相对论的热潮中，《少年中国杂志》于1922年1月出版了“相对论专号”。这期专号中，除发表几篇有关爱因斯坦和相对论的文章外，还刊载了爱因斯坦从德国柏林寄给中国读者的回信和自己的照片。1922年11月14日，《北京大学日刊》特载了校长蔡元培关于爱因斯坦博士来华之准备的报告。随后，北大发出举办爱因斯坦学说公开演讲的通知：兹为爱因斯坦博士演讲之先导，特选择关系于相对论各题，分别定期公开演讲。兹因讲堂座位有限，特备印听讲券，本校同人愿意听讲者，请至第一院注册部领券可也。对此，著名的《东方杂志》在1922年12月出版的“爱因斯坦号”上发表文章称：有了这一个准备，然后再来听爱因斯坦的讲演，才能得着真正的了解，也才能判断他的真正价值，并且也不至于辜负他远道来给我们讲演的这一番盛意啊！

爱因斯坦终于来到中国，但只是先后两次途经上海，总共逗留约三天的时间。

第一次是1922年11月13日。

1922年初，爱因斯坦接受日本改造社的邀请，于11月至12月前往日本访问，约四周时间。10月初，爱因斯坦偕夫人艾莎从柏林启程，于11月9日抵达香港。在香港期间，爱因斯坦受到一个小型犹太人团体的盛情款待。随后，爱因斯坦夫妇在香港改乘日本的“北野丸”号轮船驶往上海。

11月13日上午，爱因斯坦夫妇刚一登上汇山码头，便被四面拥上来的人潮围住。日本改造社的代表稻垣守克夫妇、德国驻上海总领事普菲斯特夫妇和瑞典驻上海领事，纷纷与爱因斯坦握手致意。中国知识界的代表也热情地上前问候他。此时，欢迎爱因斯坦的喜庆场面达到了高潮。

最令人振奋与难忘的是，在码头上，瑞典驻上海领事当面向爱因斯坦宣读了瑞典皇家科学院授予爱因斯坦诺贝尔物理学奖的授奖词：

> 鉴于阿尔伯特·爱因斯坦发现了光电效应的定律，以及他在物理学方面的其他工作，特授予他1921年度的诺贝尔物理学奖。

其实，爱因斯坦荣获诺贝尔奖早已是众望所归的事。他本人大约是在乘轮船到香港之后，从无线电广播中得知了获奖的消息。

汇山码头的欢迎仪式结束后，爱因斯坦夫妇由普菲斯特夫妇陪同，前往德国驻上海的总领事馆做短暂的休息。随后，爱因斯坦夫妇应邀前往“一品香”大旅社，改造社代表稻垣守克为他们接风洗尘。“一品香”大旅社位于今西藏中路与汉口路口，是上海一家历史悠久的著名高级旅社。该旅社番菜馆宴席上的大菜，是中国式的大菜，即中菜西吃，菜与肉搭配得当，色香味美。爱因斯坦品尝了可口的饭菜后，由衷地夸奖说：“具有古老文明的地方，其烹调也必然发达，中国就是这样，而像美国那些国家则只是像往炉子里添煤似的，只考虑给胃里增加多少卡路里。”午餐后，爱因斯坦夫妇兴致勃勃地来到位于今福佑路豫园商场北侧的“小世界”游乐场，舞台上演的是一出昆剧。尽管他对剧情并不十分了解，但演员身穿的漂亮服装、高亢和委婉的唱腔、精湛的舞蹈技巧，令他大开眼界。

离开“小世界”游乐场大楼，爱因斯坦夫妇又游览了老城隍庙。城隍庙是代表上海历史文化的景观之一，是西方人士心目中东方文化的象征。他们漫步走过九曲桥，驻足湖心亭，心旷神怡。随后，德国总领事陪同爱因斯坦夫妇乘车来到南京路游览。据当日的有关报道称，爱因斯坦刚下车，便引起周围中国市民的注意，一群大学生很快就认出大名鼎鼎的爱因斯坦，他

※ 爱因斯坦曾在上海的南京路游览。图为现在的上海南京路

们欢呼着快步走到他的身旁，祝贺他荣获诺贝尔奖。几名学生还喊着“一二三”，爱因斯坦被高高地抬了起来，甚至于有许多人争先恐后地伸手去摸一摸爱因斯坦，以此为荣。

傍晚6时许，上海著名居士、书画家王震（字一亭）在家中设宴招待爱因斯坦夫妇。应邀赴宴作陪的有同济大学校长德国人威斯特夫妇、日本改造社代表稻垣守克夫妇、大阪每日新闻社的村田等。出席宴会的中国知识界的代表有《大公报》经理曹谷冰和张季鸾、上海大学校长于右任、前任北京大学教授张君劢博士、浙江法政学校教务长应时夫妇及其女儿。宴会前，王震向爱因斯坦夫妇展示了自己多年收藏的中国金石书画文物。爱因斯坦夫妇仔细地欣赏了每一件作品，惊叹不已。

大家入席坐定后，于右任首先起立向爱因斯坦致欢迎词，他热情而恭敬地说：“鄙人今日得与日本改造社欢宴博士，谨敢代表中国青年，略述钦仰之意。博士实为现代人类之夸耀，不仅在科学界有伟大之贡献与发明。中国青年崇仰学术，故极崇仰博士。今所抱歉者，时间匆促，不能多尽东道之谊，尤不能多闻博士伟论。唯愿博士在日本讲学既毕，重为我国青年赐诲。”爱因斯坦随即起身答词，并由应时博士做翻译。他深有感触地说：“今日得观多数中国名画，极为愉快，尤佩服者是王一亭君个人作品。推之中国青年，敢信将来对于科学界，定有伟大贡献。”

接着，张君劢博士又用德语致辞，表示了对爱因斯坦的敬仰和希望。

宴会上，中外人士曾几次请爱因斯坦谈谈相对论的问题。他总是以长途旅行，身体劳累为由，婉言谢绝。王震的家宴于晚9时结束。

在上海仅仅停留一天，却让爱因斯坦感触万端。据《民国日报》的新闻称，爱因斯坦曾向友人表示："我第一次至东方，极为欢喜，有许多惊异之闻见。此间理想之气候，澄清之空气及南方天空灿烂之星斗，皆使我之头脑得一难以消灭之印象。此种印象，我将永不忘之。我在船上虽只曾为少许粗浅之试验，然我对于相对论之信心，已益加固。"

11月14日凌晨，爱因斯坦夫妇仍乘日本"北野丸"号轮船，离开上海，前往日本的神户。

爱因斯坦第二次来到中国是1922年12月31日至1923年1月2日。

1922年12月27日，爱因斯坦完成赴日旅程，在返回欧洲的途中，于12月31日上午11时再次到达上海。这一次，爱因斯坦夫妇在中国东道主的陪同下，逛了上海南市区的旧城。映入他们眼帘的是一排排低矮破旧肮脏的小木头房子，里面居住着许多贫苦市民。这与外国租界内的高楼大厦、花园别墅形成了强烈的反差，判若两个世界。不时有人力车从爱因斯坦一行的身边掠过，他几次见到身高体胖的洋人得意地坐在车上，而瘦骨嶙峋的中国车夫却像牲畜一样，拼命拉车，沿街奔跑。

"太悲惨！太不公正了！"爱因斯坦在日记中写道，"……在上海，令人讨厌的欧洲人以及中国的那些招待多数是懒惰、自命不凡、目空一切之辈。中国人肮脏、备受挫折、迟钝、善良、坚强、稳重，然而健全。"

爱因斯坦的女婿根据他的旅行日记，记述了爱因斯坦对上海社会生活方面的印象。他感到：中国人大多数是负担沉重的，似乎鲁钝得不理解他们命运的可怕，实在是一幅悲惨的图像。这个城市表明欧洲人同中国人的社会地位的差别，这种差别使得近年来的革命事件特别

※爱因斯坦仅在上海停留了一天，就乘游轮前往日本神户。图为现在的神户城市一角

※现在的上海，见证了曾经爱因斯坦与中国的“交往”

可以理解了。

1923年1月1日下午3时，爱因斯坦应上海犹太人青年会和学术研究会的邀请，在福州路17号公共租界工部局礼堂，作了关于相对论的演讲。礼堂挤得满满的，其中有一些中国学者和青年学生。

当时，爱因斯坦用德语演讲，再由工部局的一名工程师现场翻译成英语。其实，在场的中外人士中，没有人真正懂得相对论的高深原理，但他们却被爱因斯坦非凡的人格魅力所感染，被他取得的划时代的科学成就所震撼。爱因斯坦的演讲并不枯燥，他那平易近人的和蔼态度与诙谐幽默的语言，赢得了在场听众一阵阵暴风雨般的掌声。

演讲结束时，张君劢博士向爱因斯坦提问，他怎样看待心灵学。心灵学由英国著名物理学家洛奇和克鲁克斯创立，当时被少数文人引入中国，大肆宣扬人鬼交往，并形成一定声势。“Ce n'est pas Serieux”（这是不足道的）。爱因斯坦当即用法语回答。

1923年1月2日上午11时，爱因斯坦夫妇离开上海码头，告别中国。

此后，爱因斯坦虽然再也没有来过中国，但他依然关注并声援中国的民族解放和进步事业。直到1953年，七十四岁高龄的爱因斯坦还在给J·E·斯威策的复信中称，中国的贤哲在探索科学发展方面的成就，是令人惊奇的。

东方之旅

爱因斯坦喜爱温暖的家庭生活，也爱好旅行，因为他喜欢看看新的地方以及研究他以前未见过的人们。以前的几次旅行都使他感到十分愉快，现在（1922年）他又急于出发前往东方旅行了。

爱儿丝和玛嘉特因未能获准与父亲同行，感到非常失望，但她们的母亲立场十分坚定。

"你们这两个小女孩在柏林有很多的朋友，不会感到寂寞的。"她说，"我平常照顾这个家，以及阻止客人们进入你父亲的书房，已经够忙了，需要出去放松一下。何况，现在我还要费很多精力去照顾一个大孩子呢。"说到这儿，她对她那位老是惹她头痛的丈夫点点头，他不好意思地笑笑。爱因斯坦一向喜欢有夫人做伴，但又忍不住惋惜地叹了一口气。因为他知道，在这次旅行中，她将监督他的饮食及服装。

※和很多现代人一样，旅行是爱因斯坦科学研究之外的爱好之一

他有一次抱怨说："女人在家里是跟家具黏在一起，整天绕着家具打转，擦擦抹抹；当我跟一位女人出外旅行时，我成了她唯一的一件家具，她整天忍不住要在我身边打转，尽量找理由来改进我身上的缺点。"

艾莎对这种揶揄并不放在心

上，她可以举出几百个例子，说明每当她不注意时，他就会举止失措。

她历数道："每次当你出外演讲时，我总是为你整理箱子。有一次你回来后，我真是想不通为什么箱子里的每件衣服都叠得整整齐齐。后来，我好不容易才逼你说了实话，原来你根本没有打开过皮箱，事实上就穿着那套皱得不成样子的旅行装，上台演讲去了。

"又有一次，你在一项非常特别的会议上演说，当时参加会议的每个来宾都穿着晚礼服。有人问你是不是打算换上晚礼服……"

爱因斯坦打断了她的话，两眼发光地说："我告诉那位先生，我从来没有打算买晚礼服，因此我要穿着身上这套晚宴服上台演讲。如果他认为我应使人们更尊敬我，我可以挂上一块牌子，上面写着：这套衣服刚刚洗过。"

不过，爱因斯坦教授知道得很清楚，他的妻子总是替他省掉许多麻烦。她可以在一分钟内决定给侍者多少小费，她虽然不懂相对论，但对于简单的加减，却相当熟练。她可以很快算出总账，并且核对一番。他很高兴在旅行期间有妻子的陪伴，在日记上他写了这么一段："在边界与我的太太走失了，但她立刻找到我。"人们说他是20世纪最聪明的人。但在这样漫长的旅行中，如果没有夫人照顾琐碎的细节，他就要觉得茫然不知所措了。

爱因斯坦博士不管到什么地方，印度、中国、日本或巴勒斯坦，总是受到当地人的欢迎，他不仅被赞扬为世界上最优秀的科学家，也被视为一个最杰出的德国人。当他上次抵达中国上海港口时，当地德国学校的教师和学生一齐出来欢迎他。他当时的笑容一定显得很不自然。因为在柏林，那些嫉妒他的声名或者痛恨他的和平主义的人，把他当作外国人，而在外国，他的同胞却唱着德国国歌来欢迎他。这些远离家乡的德国人相信，他们的国家将受到世界上所有国家的爱戴与拥护。他们认为，爱因斯坦是国际主义者，他一定也有此想法。

在日本，天皇与皇后以招待来访皇族的礼节来招待这位德国科学家。皇后领他到皇宫花园内观看她那些得奖的菊花，一路上用法语和他交谈。爱因斯坦很高兴当时有他的太太在场，因为他对花卉知道得很少，而且很快就找不到适当的形容词。对他来说，每一朵菊花都和另一朵一样，没有什么区别。但艾莎喜爱园艺，当她经过花团锦簇的花海时，不断说出合适的仰慕词句。

这样的访问比许多酒宴有趣多了。在为这位德国科学家所举行的宴会中，每上一道菜都要举行一项特别的仪式。

“想想看，”有一天晚上，爱因斯坦对艾莎说，“我们今天晚宴的主人对我说，他已经写了四大册的书，用以描述喝茶时所要举行的仪式。”

艾莎笑了：“这种繁文缛节对你来说，大概相当难过吧？我想，你永远无法使这些人明白，为什么你在洗澡和刮脸时都使用相同的肥皂，尤其是那些送了一些最昂贵的肥皂给你的仰慕者。”

“使用两块肥皂，会使生活变得太过复杂，”爱因斯坦坚持说，“如果我必须浪费我的精力来决定使用哪一块肥皂，或者怎样倒茶，我又怎能专心从事我的研究工作呢？”

令他觉得有趣的是，尽管日本人的许多习俗在西方人眼中显得十分怪异，但日本人仍然从其他国家那儿学来了签名的狂热。日本人请他拿着长长的毛笔在丝巾上签名，他觉得，这是很愚蠢的风尚。

这时候的爱因斯坦几乎已习惯于摆姿势供摄影师拍照了。若在柏林，他不是把刊登他照片的报纸不耐烦地丢在一旁，就是出于愉快的幽默心理，假装不认得那张已为众人所熟知的脸孔。他会质问说：“这个又丑又胖的家伙，究竟是谁？”但是，不管他到哪儿去旅行，总有许多人会坚持送给他礼物，使他不知该如何表示感激之情。

一群活泼可爱的日本儿童送给他一本彩色图画册，还有人赠送丝巾、刺绣、木刻品等。甚至连一向喜爱漂亮家具及饰品的艾莎，在又收到同样的礼物时，也忍不住在心里感到烦恼。柏林公寓里面已经够拥挤了，怎能容得下这些东西呢？

爱因斯坦

耶路撒冷是巴勒斯坦闻名世界的古城

在日本，爱因斯坦接受邀请，发表了一连串的演说。当然，他并不会说日语，必须由另外一个人把他的演讲内容翻译给那些耐心的听众。爱因斯坦后来获悉，他的第一次演说及完整的翻译，竟然使这些极有耐心的听众在大厅里坐了四个小时。他觉得，以日语再重复一次，对于大多数日本听众而言，他的科学想法并没有太多的意义。他决心行行好事，第二次演说时就把时间缩短到只有两个半小时。

但当他到第二个城市旅行时，他注意到，陪他同行的日本人不断聚在一起，并且谴责似的望着他。爱因斯坦对于这些有礼貌的仰慕者竟然表现出如此无礼的态度，深感诧异，决定找出原因。

于是他问一位懂得法文的日本青年说："我究竟做错了什么，使得你们不断地瞪着我，并且彼此窃窃私语？"

这位日本青年有点踌躇，他不想解释，但他知道，这位贵宾所提出的问题必须予以回答。

"我不知道应该怎样告诉您，才不会冒犯您。"他说道，"既然您问了，我必须要告诉您。我们正在讨论，您在刚刚离开的城市里，怎么侮辱了那么多我们的同胞？"

爱因斯坦愈来愈觉得困惑不解，他是不是忽略了什么仪式？他不是一直遵照他细心的妻子的指示行事吗？并未要求那些杰出的日本音乐家再奏一曲，这样做是不是太无礼了？他不喜欢日本音乐，在一次冗长酒宴结束时，他觉得再也无法容忍任何日本音乐了。

“我怎会侮辱人了？”他问道。

“那位安排您做第二次演说的先生，受到了深深地侮辱，”这位先生说，“第二次演说并没像第一次那样地讲上四个小时。那位先生认为，您没有尊重那些听众，并企图轻视那些听您演讲的各位先生。”

爱因斯坦哈哈大笑，他的日本朋友亦礼貌性地陪着他笑笑。不过他们却一直不知道，究竟是什么事情使他觉得如此好笑。

爱因斯坦在回程途中访问了巴勒斯坦，对他而言，这是一块陌生的土地。但爱因斯坦博士却比许多现代游客更了解它，游客只知道它是基督教、伊斯兰教及犹太教的圣地。

古耶路撒冷的每一块石头，都充满着丰富的历史与传奇。在“岩顶”处，一位阿拉伯导游虔诚地指着一块大石头说，就是这块石头把先知——穆罕默德，带上天堂。在“岩顶”附近就是“哭墙”，耶稣当时曾从彼拉多的审判所沿着这条街道，走向各各他（髑髅地）。现在，来自各国的观光客已把这条街道踏平了。同时，来自世界各个

知识链接

哭　墙

耶路撒冷犹太教圣迹哭墙又称西墙，亦有“叹息之壁”之称,是耶路撒冷旧城第二圣殿护墙的一段，也是第二圣殿护墙的仅存遗址。为古代犹太国第二神庙的唯一残余部分，长约50米，高约18米，由大石块筑成。犹太教把该墙看作第一圣地，教徒至该墙例须哀哭，以表示对古神庙的哀悼并期待其恢复。公元初年，欧洲人认为耶路撒冷是欧洲的尽头，而这面墙即是欧亚分界线。千百年来，流落在世界各个角落的犹太人回到圣城耶路撒冷时，便会来到这面石墙前低声祷告，哭诉流亡之苦，所以被称为“哭墙”。哭墙中间屏风相隔，祈祷时男女有别进入广场墙前，男士必须戴上传统帽子，如果没有帽子，入口处亦备有纸帽供应。许多徘徊不去的祈祷者，或以手抚墙面，或背诵经文，或将写着祈祷字句的纸条塞入墙壁石缝间。历经千年的风雨和朝圣者的抚触，哭墙石头也泛着光亮，如泣如诉一般。

哭墙由大石砌成，公元前11世纪古以色列王大卫统一犹太各部族，

※著名的耶路撒冷哭墙及宗教信徒

建立了以耶路撒冷为首都的以色列王国。公元前10世纪（约公元前965年）大卫儿子所罗门继承王位后，在首都锡安山上建造了首座犹太教圣殿所罗门圣殿，俗称“第一圣殿”，来此朝觐和献祭的教徒络绎不绝，从而形成古犹太人宗教和政治活动的中心。

公元前586年，第一圣殿不幸被入侵的巴比伦人摧毁。将大卫王之子所罗门王为耶和华所建的“第一圣殿”付之一炬，四万多犹太人被虏，史称“巴比伦之囚”。

经过了半个世纪的流亡生活，犹太人陆续重返家园，后来又在第一圣殿旧址上建造第二圣殿。

公元70年，罗马帝国皇帝希律王统治时期，极力镇压犹太教起义，数十万犹太人惨遭杀戮，绝大部分犹太人被驱逐出巴勒斯坦地区，耶路撒冷和圣殿几乎被夷为平地。该墙壁为同一时期希律王在第二圣殿断垣残壁的遗址上修建起的护墙。直至拜占庭帝国时期犹太人才可以在每年安息日时获得一次重归故里的机会，无数的犹太教信徒纷纷至此，面壁而泣，“哭墙”由此得名。

特别是第二次世界大战期间，惨遭德国法西斯杀害的犹太人达六百万之多。这些惨痛的历史遭遇，深深地印在犹太人的心灵之中，哭墙便更被犹太人视为信仰和团结的象征。直到如今，哭墙脚下经常有来自世界各地的犹太人，他们或围着一张张方桌做宗教仪式，或端坐在一条条长凳上念诵经文，或面壁肃立默默祈祷，或长跪在地悲戚啜泣。逢宗教节日，祈祷者及游人更多。

1967年，以色列占领整个耶路撒冷。这是两千年来，哭墙首次处于犹太人控制之下。以色列政府在哭墙前辟出宽阔的广场，每逢阵亡将士纪念日、大屠杀纪念日、犹太新年、赎罪日等重要的国家或宗教节日，便在此举行纪念活动或宗教仪式。

1981年哭墙被列入《世界遗产名录》。

角落的犹太人站在寺庙残余的墙壁前，一面哭泣一面祈祷，祈求使分散各地的犹太人能再团聚。

爱因斯坦也见到了巴勒斯坦的新生活。他访问了医院及幼儿园、农业学校、现代化的报纸与银行。他看到了新社区，那儿的年轻男女凭借农机及最新的农业技术，征服了当地贫瘠的土地。他不仅在希伯来大学度过了愉快的时光，在特拉维夫市也同样高兴。特拉维夫是当时世界唯一全部由犹太人组成的城市，城内的每种工作都由犹太人担任。在这儿，他们可以自由选择职业，不像在欧洲时那样受到压迫。但爱因斯坦博士并未被兴奋冲昏了头脑，他对当地的几种情况感到困扰，并认为那是巴勒斯坦理想生活中的缺点。他的批评为教友们所憎恨，但他们仍然赞扬他是巴勒斯坦的一位工作者，也是当代最伟大的一位犹太人。

爱因斯坦夫妇是萨木耳子爵（英国指派的巴勒斯坦总督）的贵宾。萨木耳子爵身为英国皇家代表，因此也就生活在皇家荣耀中。每当他离开官邸，都要发射礼炮致敬，不管他在耶路撒冷的什么地方旅行，骑兵们都要在沿途护送。到这时候，爱因斯坦已经学会不去理睬他认为毫无意义的那些繁文缛节。但艾莎，由于长久以来公开露面，突然产生了反抗的心理。

“我只是一个单纯的德国家庭主妇，”她愤愤地说，“我喜欢自然而舒适的生活，在这种死板板的

※特拉维夫风光

※西班牙国王阿方索十三世

正式气氛中，我感到很不耐烦。我丈夫是一位著名的人物，他可以不顾某些礼节，人们会说，因为他是一位天才。但是，如果我不遵守某项礼仪，人们却说我缺乏教养。”

她愈说愈激动：“报纸记者在厌烦了为我丈夫编些愚蠢的报道之后，就开始对我乱加报道。因为我有近视的毛病，某位记者就说，在一次公开宴会上，我错把盘子旁的树叶看作青菜，而且把它当作沙拉，拿起来大吃特吃。”

爱因斯坦夫妇回国时，是搭船沿着美丽的地中海海岸悠闲地航行，他们很高兴暂时摆脱了受人注目的社交生活，彻底地享受着航海之乐。他们抵达马赛港时，艾莎急着要赶回家。但爱因斯坦喜欢当地浪漫的景色以及西班牙的艺术宝藏，忍不住接受邀请，前去访问那个国家。

在马德里大学，他又接受了一项荣誉学位。到目前为止，他已接受了许多荣誉学位，这是不是国际已获得最佳谅解的良好象征？他心里想。在战争期间，西班牙一直和德国维持着友好的关系，大家都知道爱因斯坦是位犹太人，他的同胞在1492年曾被西班牙驱逐出境，开始过着流亡生活。即使是现在，也只有少数的犹太人住在西班牙。但西班牙的一些著名学者却推选他担任西班牙学院的委员，西班牙国王阿方索十三世曾在皇宫召见他。奇怪的是，这位不负责任只知享乐的国王却真的十分仰慕这位不拘小节的教授。爱因斯坦对待阿方索国王没有什么特别之处，像在旅途中对待每个人的方式一样。他在漫长的旅程中，曾见过日本皇后，也碰见一位印度脚夫要求他多赏些小费。他对任何人都一视同仁。他的温情和真诚，赢得了所有人的尊敬和信任，他从未想过要取悦任何人，始终保持自己纯真的本色。

荣获诺贝尔物理学奖

爱因斯坦知道，在德国仍有许多敌人歧视及嫉妒他。但当他回到德国以后，却发现，他在祖国的名声已比以往更为稳固而增强。因为当他还在东方旅行期间，已经荣获诺贝尔物理学奖。

※诺贝尔奖章

在1922年秋天颁给阿尔伯特·爱因斯坦的诺贝尔物理学奖，是任何科学家、作家或人道主义者所能获得的最高荣誉之一。但爱因斯坦并不是以相对论的发现者获得这项大奖。因为诺贝尔委员会认为，目前要正确评定那项引起广泛争论的理论的价值，仍然为时太早。诺贝尔委员会对他得奖的原因只提及他早期在瑞士发表的一篇论文，以及赞扬他在光电法则及理论物理学方面的杰出表现。他们强烈攻击相对论，但他们仍然宣称："……他在其他方面的成就业已为他在科学史上获得永恒的地位。"

爱因斯坦除了获得这项殊荣之外，还获得大约四万美元的奖金。他的收入本来就够多，即使现在又加上这笔额外收入，他也并未改变简朴的生活习惯，他不知要如何生活才会像是一个富人。"上帝并不喜欢奢华的

柏林德国国会大厦

生活，”他有一次说，“我相信他甚至痛恨奢侈。”爱因斯坦只在捐献或从事私人慈善事业时，才会显得特别大方。

爱因斯坦获得这项荣誉之后，使大部分德国人把他当作偶像崇拜。德国这个战败的国家，正处于饥饿、不安与羞辱的境况中，而他们的一位教授却获得了这项世界性的荣誉。爱因斯坦是第一次世界大战结束后，第一位获得诺贝尔奖的德国人，每个德国人都陶醉在这项新荣耀中。

爱因斯坦回到柏林，仍然热心支持那些和平主义者，他们企图阻止另一场恐怖的战争，可惜，没有效果。一度骄傲的德国人对于法国军队占领鲁尔区，深感羞辱。经济萧条的气氛弥漫全国，以前的商人及职工都在街上乞讨，人民在绝望中站起来反对新日耳曼共和国的领袖。这种日渐严重的混乱情势所造成的第一位重要的受害者，就是外交部部长华特·拉森奥，他被政敌所杀害。

爱因斯坦对于这位既是好友，又是一位真诚的自由派政治家遭此横祸，深感震惊。他同意许多人的说法，拉森奥之所以遇害，不仅因为他是自由派，更因为他是位犹太人。爱因斯坦知道，反犹太主义是一种危险的病态。他觉得连拉森奥这样的好人都不肯放过，只不过是具有犹太血统，那么，这种疾病将会继续扩展，最后，德国境内每一个宗教及政治的少数民族都将遭到迫害。

“知识促进委员会”成立之初，爱因斯坦接受了邀请，和来自世界各地的其他著名科学家及作家共聚一堂。这个委员会是隶属于“国际联盟”的组织，希望他们能共同为促进世界和平而努力。但一年后，爱因斯坦辞职了。他是个理想主义者，以为能以此种方式谋得和平，结果发现，联盟利用其影响力照顾其强大会员国的利益，对于弱小国家却没有任何贡献，甚至未曾对他们提供任何保障。

爱因斯坦觉得，只有国际和平才能实现国际正义。如果有足够的青年拒绝参加，战争就不会发生。当他参加“国际反战组织”时，写下这么一段话：“我请求所有的人……宣称他们拒绝对战争或备战提供任何更进一步的资助。我请求他们写信把这项决定告诉他们的政府，并请通知我，他们已这样做了……我已获得授权成立：爱因斯坦反战基金会。”一连许多年，他都以大笔金钱及他的声誉，继续支持反战基金会。

爱因斯坦的许多朋友认为，这样做是一种不爱国行为，他们宣称：“如果我们的国家再度陷于危险，我们应该准备保护它。”爱因斯坦却认为，知识分子应该领导一项建立和平的活动，使将来不再发生战争。

但柏林许多科学家急于发泄他们的旧仇恨，谴责爱因斯坦访问英国及法国，并和祖国的敌人维持友好的关系。爱因斯坦博士的支持者亦遭到同胞们的谴责，因为他们对“杀害我们儿子的外国人”表示尊敬。爱因斯坦对国与国之间的仇恨心理愈来愈感到困扰，他的本意是企图通过科学研究使这些国家更为接近。

他知道，在某些政治团体里已经出现了敌人，但一般民众仍然爱戴他，令他大感欣慰。他们仍然前来向他请教及要求协助——一位女演员希望借着他的影响力，在剧院获得一席之地；一名男子由于得不到签证，无法移民美国，也来请他帮忙。不过，爱因斯坦接到的信件中，并不全是请求协助的。也有一些是说“我生了一个儿子，如果准我以你的名字替他命名，将感无限荣幸”，或“我刚把我最近推出上市的雪茄取名为‘相对论’，相信你一定感到很高兴”。

通常，访客上门时，正是他忙完一天的工作，准备拉拉小提琴，或者阅读他所喜欢的某本书的时候。他也许会浏览莎士比亚的一出戏剧，或者希腊剧作家的某一剧本，现在他已能欣赏他们那种平静的智慧了。或者，他也会再读读《堂吉诃德》，因为他对这位狂热

※位于布鲁塞尔一广场上的堂吉诃德与仆人桑丘的雕像

的西班牙武士的冒险永远也不会感到厌倦。许多人嘲笑堂吉诃德，有人说他疯狂，爱因斯坦则把他当作英雄，因为他和堂吉诃德同样是充满孩子气的理想主义者。他同情这位企图向风车挑战，但却失败的高贵武士。

爱因斯坦教授穿着舒服而宽松的外衣（只要能逃过夫人那双锐利的眼睛，他经常都会不穿袜子）仰靠在客厅中他惯坐的椅子上。耐心地聆听某一位访客畅谈他最近的一次实验；或者听一位经济学家叙述如何使德国免于遭受经济崩溃的一项新计划；某位政治家也许会激动地大谈如何在旧社会的废墟上建立一个新社会；某些新成立团体的领袖们会要求爱因斯坦支持他们，并要求资助。有时候，来访的是一位著名的音乐家，他就打开钢琴，拿出小提琴，在优美的音乐旋律中，找到安详与力量。这时乐声会从窗户流出，飘向宁静的街道。

有时候，他的声誉也为他带来困扰。当玛嘉特（爱因斯坦的继女）出嫁时，她坚持爱因斯坦博士应代表她已死去的父亲，在婚姻注册局的仪式中，把新娘交给新郎。教授虽然抱怨这将占去他部分研究时间，但他仍然答应了。

“但是，你可别想要我戴上高高的大礼帽，或者穿上大礼服，”他向玛嘉特警告说，“我还是穿平常所穿的那套舒适的便装。你放心，这并没有什么关系。在婚礼上，大家只会注意新娘，谁也不会注意我的。”不料报社的记者却都涌进注册局，成为一群不请自来的吵闹客人。爱因斯坦说没有人会注意新娘的父亲，他的预测错了。穿着漂亮结婚礼服的玛嘉特被人忽略，报社记者们围在穿着舒适、宽松便服的爱因斯坦教授身旁，并坚持要访问他。他被迫浪费了宝贵的时间，真是觉得厌烦无比，最后好不容易设法溜了回家。

“为什么大家对我的私生活如此有兴趣?”他喃喃说道。

没有人能够解释，为什么大众永远不厌倦于报纸或杂志上看到爱因斯坦的照片，或者阅读有关他日常生活的琐碎报道，历史上很少有人能够完全吸引全世界的注意力。“每个人都知道爱因斯坦有惊人的成就，”罗素评论说，“但很少有人知道，他究竟有些什么成就。”也许这位英国哲学家兼科学家已经解答了爱因斯坦如此广受欢迎的谜底：街上的人们对他的成就知道得少，甚至一无所知。但他却像魔术师那般引人注意，他神秘的成就更使人对他本人产生兴趣。

艾莎继续站在她丈夫和大众之间担任保护墙般的工作。“要当这个人的妻子，”她在一次访问谈话中说，“还真不容易。他很顽固，却又像个小孩子，必须要好好管住他，但又绝对不能让他知道我在管着他。”

因此，爱因斯坦夫人不得不继续从许多访客中挑选出他可能愿意接见的客人。当他的胃病又发作时，她亲手替他调制他可以吃的食物。她督促教授获得充足的睡眠并适当运动。她跟海伦·杜卡斯（她担任教授的秘书许多年）处理他的许多来信，把应该由他自己拆阅的信件放在一边，来自其他国家需要翻译的，则另放一处。这项工作要占去整天的时间，为了做好这项工作，她被迫放弃自己的嗜好——阅读、音乐及社会工作。

“他比较重要，”她在一次访问谈话中下结论说，“跟一个像他这样的科学家住在一起，虽有许多困扰，但也有很多趣事。”

也许，爱因斯坦夫人对她丈夫最大的服务，就是她能够以很巧妙的方法，使他不要在书房内专心研究太长的时间。每当他坐上那张最心爱且已磨损不堪的椅子后，他也许忘记究竟坐了多久的时间。有位天文学家告诉爱因斯坦，他有时候每天工作八到十小时，爱因斯坦说：“我无法工作那么久。”他相信自己每天工作的时间并不超过五个小时。但他有个习惯，在离开书房后，脑海里往往仍继续思索一个问题。

他经常专注于计算工作，以至无法回答一个最普通的问题。当他正在思索与他的研究工作有关的事情时，如果有人打扰他，他往往会大吃一惊。

他经常在妻子的催促下出去散步，而走得忘了回家。天气如何变化，对他似乎没有任何影响，他乐于

※拥有游艇是很多人的毕生梦想，而爱因斯坦的仰慕者就送给他一艘游艇，图为现代人们驾驶游艇海上冲浪

一面散步，一面让雨点打在脸上。

很多次，当他回到家之后，立即冲进书房，因为他在刚才散步时解决了一个复杂的问题，现在正急于把它写在纸上。

玛嘉特现在是一位职业雕刻家，她的作品曾在柏林、巴黎及伦敦展出，受到普遍赞扬。爱因斯坦本人也是一位艺术爱好者，因此也陪着继女参观许多柏林艺廊。参观展览及观赏戏剧，是他的主要消遣。

在平时，音乐是他最大的乐趣。在旅行途中，他最怀念的是钢琴。当他从东方旅行归来之后，身上穿着外衣，戴着帽子，就立即在客厅里坐下来，演奏起莫扎特的音乐，而由艾沙去处理行李。

有一次，他应邀在一处德国小镇举行的慈善会中独奏小提琴，当地报纸的一名记者问，这位来访的音乐家究竟是谁?被问的这人感到十分惊讶，德国竟然还有人认不出这位诺贝尔奖得主，他说：“你不认识他吗?他就是伟大的爱因斯坦。”

这位新闻记者自认已经获得了足够的资料，于是在其第二天刊出的报道中写道：这位伟大的音乐家爱因斯坦所表现的演奏技巧“是举世无双的”。又发表狂言说：“另外一些所谓的小提琴天才，如果昨晚也在场聆听这位最杰出的大师演奏的话，他们也将被吓得脸色苍白。”

爱因斯坦读到这篇特殊的音乐评论之后，不禁哈哈大笑。虽然他从来不曾炫耀他所获得的荣誉与学位，但这次他却拿了剪报给每个人看。他说：“目前流行的一则笑话，也许是有点儿道理：世界上最伟大的小提琴家——海菲兹，打算放弃音乐改习‘相对论’，因为爱因斯坦似乎已打算放弃物理学改学音乐了。”

爱因斯坦在慕尼黑求学时，就不喜欢游戏或其他方式的运动。但当他年岁渐大后，却对航海产生了很大的乐趣。他在驾驶他的仰慕者在他五十岁生日时送给他的游艇出海航行时，获得了最大的乐趣。这艘游艇是根据爱因斯坦精心的设计所制造的，他穿着皮质运动夹克（这副打扮经常出现在照片上），在海上度过了许多愉快的航行时刻。有时候与少数几位最要好的客人在一起，有时候则是单独一人出海。

在他五十岁生日的那一天，爱因斯坦博士获得了来自世界各地的贺电。他很高兴，艾莎已经同意，由于他的健康情况不佳，所以不打算举行公开的庆祝会。在过去几年内，爱因斯坦从事太多的工作，不免体力透支。他到过瑞士，向一所疗养院中的年轻人发表一连串的演说。院内的这些年轻病人因患病与外界隔绝，现在他为他们枯燥的生活带来了新的乐趣。

但是，瑞士疗养院的行程为他带来了一次严重的心脏病。爱因斯坦因此在床上躺了四个月之久。要他放弃全部的讲学，以及他为国际和平所做的努力，是相当困难的。不过，这段时间过得并不慢，因为他仍然可以靠在垫高的枕头上，研究他的磁能场问题。他以典型的科学性好奇心，向他的医生提出许多有关医疗的问题，逼得那位好心的医生只好随便说些好玩的事来哄他，而不必费神去思索合理的答案。

到了1929年3月14日，爱因斯坦一家人决定享受一些小小的家庭乐趣。“我们简直没有一点私人生活！”艾莎抱怨说，“我们不能上餐馆、旅社或剧院。走到哪里，别人都会朝着我们看，令人不自在。”她向一位朋友请求协助，因为这位朋友在柏林附近的哈维尔河拥有一片很大的产业。这位朋友欣然答应把园丁的小屋让他们用，因为那座小屋相当隐蔽，附近还有一个小湖泊。爱因斯坦计划的庆祝节目是：驾驶游艇，在安详宁静的气氛中休息，弹奏风琴。

连续好几天，卡片和电报不断地涌到柏林公寓，向这位“国家英雄”致敬。送来生日卡的包括：德国总理本人、政府官员、各国的学者与科学家以及受他援助的各个团体的领袖，当然，还有爱因斯坦各界的朋友。然而，最令他感到高兴的祝福，却是来自那些谦卑的无名仰慕者——学生、缝衣女工这样的普通劳工。有一张便条还附上一小包烟丝，便条主人写道，他现在失业，但存了几分钱，买了这个礼物。他写道，他的礼物“相对”较小，但这些烟丝却来自很好的

美丽的瑞士风光

“场”（field，也可作田地讲）。

“好极了!至少他知道我是干什么的。”爱因斯坦博士欣慰而感叹地说。他在向皇室及世界各地科学界领袖们的祝贺信表示谢意之前，就首先提笔向他众多礼物中最简单的一个表示感谢。

还有一封信也令他十分高兴，那是美国寄来的。当地的一群犹太复国主义者募集了一些钱，但不是为了购买礼物送给爱因斯坦，而是要在巴勒斯坦种植一些小树丛，并以爱因斯坦的姓名为这些树丛命名。玛嘉特为他做了一个蜡像，也很令他喜爱。另外一项珍贵的礼物是一具显微镜，爱因斯坦像小孩子般兴奋而性急，他刺破手指，好奇地透过显微镜，凝视着神奇的血滴。看完血滴，他又转过头去欢迎唯一的一位访客——一个住在附近的小男孩，他高兴地把一束摘自花园的鲜花呈献给爱因斯坦。

艾莎把这束鲜花插在餐桌上的一个花瓶里，她为丈夫准备了他最喜爱的汤、鱼和馅饼，她觉得很抱歉，但又不得不禁止他在愉快的生日里喝咖啡和酒。她甚至想到那几瓶送到他们柏林公寓的珍贵的葡萄酒。但由于爱因斯坦最近刚刚生病，使他无法享受这些美酒。

玛嘉特和伊莎跟她们的丈夫一起前来参加这个生日聚会。大家欢笑、说故事，并愉快地举杯祝贺这位“过生日的小孩子”。

爱因斯坦喃喃地说：“德国的每个人都对我实在太好了!”

不仅只是个别的德国人，甚至连整个德意志共和国都在庆祝爱因斯坦五十岁生日，并向他致以最高的敬意。在柏林郊区波兹坦的一处小山上，耸立着一座现代化的高塔建筑，是用来观测星星的，这座天文台即以爱因斯坦的姓名为名。为了对他表示尊敬，现在他们又在那儿举行一项盛大的仪式，在仪式中安置了爱因斯坦的一尊半身铜像。

但是，柏林市所赠送的一项正式礼物，为这位教授所带来的苦恼却多于快乐。由于大家都知道他喜欢驾驶游艇，因此柏林市送给他一处靠近哈维尔河的小产业，距柏林不远。这处产业包括一栋漂亮的房子，在此度暑假似乎最理想不过了。爱因斯坦一家人都很高兴，柏林市民羡慕地看着刊登在报上的那栋房子的照片，也觉得这是送给这位为他们带来如此荣耀的科学家的最佳礼物。

但是，原来居住在河边这栋舒适房子的居民却并不如此热心。当爱因斯坦夫人去看这栋房子时，并未受到房子主人的欢迎。他们告诉她说，当柏林市政府买下他们居所四周的小公园时，市政府曾向他们保证，他们可以继续住他们的老房子，要住多久就住多久。他们表示可能要住很久，因为他们根本无意搬出去。即使是为了取悦伟大的爱因斯坦博士，他们也无意这样做。

市政府对于他们所赠送的产业竟然不包括房子在内，感到十分难为情，于是提议说，市政府所拥有的这一处公园面积很大，可以建造好几栋房子。那地方位于哈维尔河流过的湖泊旁边，风景最为宜人，最适合于喜爱驾驶游艇的人。市议员们又说，由于他们并未打算兴建一栋新房子，目前只能把土地送给他，爱因斯坦必须自己盖栋房子。

爱因斯坦一家表示同意。但原来那栋房子的主人（他的房子现在被称之为“爱因斯坦之屋”）却宣称，市政府曾答应过他，不在他的房子附近搭建任何新房子。他似乎担心，其他房子可能破坏了他观赏湖边的景色。

市政府准备另外选定一个地点。当市民们获悉市政府竟然没有合法权利处理他们所赠送的财产时，都对市政府发出嘲笑。

这一次，市政府的一名代表告诉爱因斯坦：“为了要确定我们所将赠送给你的土地真正属于我们，你是否可以自己选择一块适合你自己而又确实决定出售的土地?然后，我们可以买下来送给你。”

爱因斯坦从不曾做过生意，他忍不住开始怀疑，为什么一向以高效处理市政闻名的市政府，现在却如此拖泥带水?他无奈地告诉他的妻子，要她选一块她所喜欢的土地，“但一定要靠近水边!”然后又回书房研究去了。艾莎选定了距柏林不远的卡普斯村内的一处地点。市政府立即同意，并认为她的选择合乎各方面的要求。

但这件事并未就此结束。市议会中的一名代表（是民族主义党的代表，而爱因斯坦一向反对他们的党派）公开发表一篇声明，他大胆地说，爱因斯坦教授并不值得接受如此贵重的礼物。但市议会中爱因斯坦仰慕者并不同意这种说法。结果竟然引发了政治争论，并在所有的报纸上争执不休。市政府不敢匆忙作决定，准备在市议会下一次会议时再提出讨论。

这时候，即使是爱因斯坦本人也忍不住发起脾气来。他终于明白，虽然柏林许多有影响力的人士都站在他这一边，但他在议会中的敌人一定从一开始就反对赠送他这份礼物。他把桌上的文件推开，开始写下这封信：“亲爱的市长先

生，人的生命极为短暂，而政府办事却相当缓慢。我觉得如果遵照你们的方法，由于我的生命可能太过短暂，可能无法享受。我谨谢谢你们的盛情，现在我的生日已经过去，我心领你们的美意，请不必再提礼物的事了！”

为了不使自己成为任何政治争论的中心，而且也为了结束这件不愉快的事，爱因斯坦自己买下了他妻子所选择的那块土地，自己花钱建了一幢简单的房子。跟大多数柏林人一样，他认为报纸上有关这次事件的漫画相当有趣，画的是他自己、“礼物房子”，以及“痛苦的市政府”——由于它做事拖泥带水，而赢得这项不雅的称呼。

卡普斯村的房子是一处纯家庭式的建筑，艾莎将它布置得简单而舒适，正好与优雅的柏林公寓相反。教授选了楼下的一个房间作卧室、书房和工作间，四周墙壁摆满了书。他的书桌就放在一扇大窗子前，只要抬起头来，就可看到窗外美丽的景色。

只要几分钟的时间，就可走到码头，而他那艘“礼物游艇”就停在港内。当他航海时，只有一件事令他感到不愉快——其他船上的陌生人经常驶近拍摄他的照片。但村民们并没有索取他的照片或签名，这令他感到十分高兴。村民们很快就习惯了这位神情愉快、衣着随便的城里人。每当他走进村民当中时，他的银发随风飘动，会很愉快地说声：“你好！”并经常停下来和小孩子说话，拍拍他们的头。

爱因斯坦博士和他的夫人深爱着这四周宁静的自然美景。艾莎告诉一位朋友说：“我们把大部分积蓄都花掉了，现在我们没有钱，但有自己的土地和财产，这使我们有更大的安全感。”

她比自己的丈夫更有信心，爱因斯坦很少谈到他对德意志共和国或整个世界的恐惧。世界各国虽然已经签署了《凡尔赛条约》，但一直未能达成真正的和平。当他从东方旅行回来之后才知道在马赛街头说德语非常危险，这件事使他很难过。如今法国人与德国人已经开始互相攻击，同时德国城市中的不安情绪也越来越严重，在这种情况下，一个人怎能企求安全？

在那次漫长而愉快的旅程中，他一直惦念着这场即将来临的风暴，但现在他转过头对艾莎说：“这一切都像是一场梦！在我们清醒之前，且先享受目前的一切吧。”

再次访问美国

1930年，爱因斯坦博士接受邀请，前往美国加州巴萨迪纳的技术学院住几个月。美国和欧洲科学家每年要在这所学院的古典式建筑内集会一次，彼此交换自己研究范围内的一些观念及对将来发展的看法。爱因斯坦很高兴将会晤爱伯特·米契尔森博士，他现年已七十八岁，但对科学仍有极深的爱好，继续从事研究工作。他有关光波的实验已被证明在许多年前对爱因斯坦产生极大的启示作用，因此，中年的爱因斯坦仍然把这位美国物理学家尊奉为自己的老师。

※ 美国加州

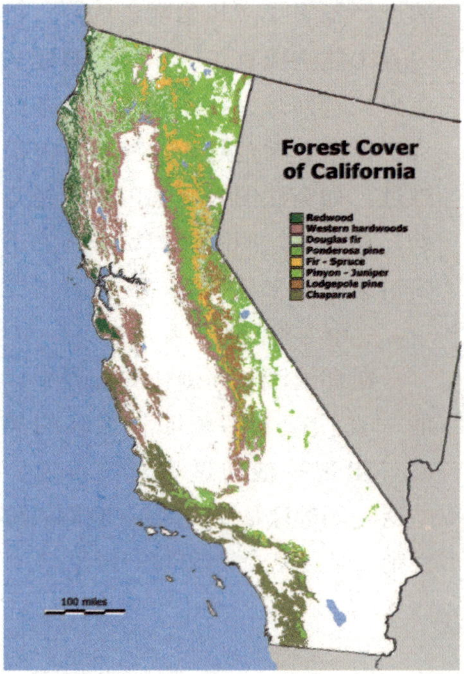

爱因斯坦和他的妻子登上“贝尔京兰号”准备前往北美大陆时，忍不住大吃一惊，因为船东已把船上最豪华的套房分配给他们使用。他看着那些豪华的家具、闪亮的酒杯、巨大的水果盘以及高高的花瓶，忍不住转过头，愤怒地对他的妻子说：“艾莎，这是不对的！让我跟那些工人们坐在一起旅行，会比较愉快一点。而跟这些昂贵而无用的家具在一起，会觉得难过。我们去告诉服务生，替我们换一间比较小而简单的房间。”

艾莎像往常一样，希望他不要冲动。

她劝说：“船东这样做，是因为他们想要向你表示敬意。你是他们的贵宾，如果你坚持要换间较小的套房，一定会使他们伤心。你一向和气而体贴，当然是不愿这样做的，是不是？”

确实是的，他一向不愿伤害任何人的情感，不管冒犯他的是轮船公司的船东，或者是餐厅那位坚持把保留给皇室使用的特级房间开放给这位贵宾参观的侍者。爱因斯坦有点怀疑地告诉妻子，希望他不曾冒犯了这些可爱的美国人。因为在他搭船之前，曾发表了一篇声明，声明中说，在他停留在纽约的短暂的时间内，将拒绝接受一切宴请。他说，他到美国是去休养与研究的，而不是去参加酒宴和接待会的，并且他以罕见的坚定口气说，他绝不接受访问。

在这艘大邮轮向西航行途中，爱因斯坦接受劝导，向美国民众发表了一篇广播声明，他说：“十年后，我今天早晨再度踏上美国的土地，脑海中所想的是：贵国经过辛苦努力，已在世界获得极为重要的地位……贵国今天的政治与经济情况，已使你们可以消除军事暴力的恐怖传统……这也是贵国眼前的重大任务。”

爱因斯坦认为，这篇声明应该可以满足大家，报纸也将因此不会再要求他从事恼人的访问了。没想到，他还未下船，立即被一群兴奋的记者团团围住。他形容他们是一群野狼，每个人都企图咬他一口。这位赴美访问的贵宾本人也神采奕奕……满头银发四处飞扬，两眼炯炯有神，时而愉快地眨眨眼睛，时而陷于专注的沉思，高高的额头布满智慧的皱纹，脸上的神情相当怪异，混合了聪明睿智与天真。

艾莎花了一番心思把她的丈夫打扮得颇为体面，他穿一件黑西装，白衬衫，老式的褶纹，类似于艺术家形式的外套，头戴黑色宽边帽。这群“野狼”望着爱因斯坦，爱因斯坦则皱着眉头回望着这群

※手拿烟斗的爱因斯坦

“野狼”。

即使是一向思维敏捷的艾莎也无法把这些人赶走。教授终于承认失败，他面带微笑，愿意接受十五分钟的访问。记者们提出的问题既快又激烈。

“能否请你以一句话为你的相对论下定义?”一位记者问道，他停下钢笔等待爱因斯坦的回答。

爱因斯坦笑着回答：“即使花上三天的时间，恐怕也无法下一个简短的定义。”

“你为什么没带着你的小提琴来?”

“我们要经过巴拿马运河前往加州，我担心那儿潮湿的热带气候可能会伤害到它。”

“你在美国会快乐吗?”一位新闻记者问道。

“如果你们各位能让我看看美国，我将会很高兴。”爱因斯坦笑着告诉他们，“由于你们诸位先生一直挤在我身旁，我只能从你们的头上望出去，捕捉一点儿天空的景色。”

“十五分钟已经到了。”爱因斯坦夫人看看手表，提出警告说。

“再问一个问题，”一位记者抢着问，“你是否认为，美国妇女——?”

“不再回答问题了，”爱因斯坦宣布说，“即便是一头乳牛，也只能提供这么多的牛奶，你们已把我榨干了!”他试着从这些热烈的人群中挤出去。记者们开始把笔记本收起来，但摄影师却提起他们的照相机，挤到爱因斯坦和他的译员身旁，说：“请露出愉快的神情。”尽管爱因斯坦已感到不耐烦，他仍然耐着性子显露出微笑。照相机咔嚓作响。一位摄影记者把爱因斯坦上次访问美国期间所拍摄的一张照片拿给他看。“你们冲洗照片可真快!”爱因斯坦开玩笑说。然后，他突然以橄榄球选手的速度突出重围，冲入他的房间。

一位记者紧跟在他后面，并轻轻敲着房门。爱因斯坦把门打开，他轻声说道：“走开吧!”仿佛是对一个顽皮捣蛋的小孩子说话一般，“拜托，请马上走开吧!”

“很抱歉打扰你!”这位年轻人喃喃说道，“但我来晚了一步，刚才没有能够采访到。如果明天纽约每家报纸都登出了访问谈话，而只有我没有——呀，我可能会被炒鱿鱼。”

“你可真烦人!但我不希望你为我而惹上麻烦。”爱因斯坦博士回答说，“进来吧，我将回答你那些愚蠢的问题。”

他尚未把房门关上，又有另外

一位年轻人溜进舱房来。在爱因斯坦发表谈话时，这位不请自来的客人匆匆为他画素描，画完之后，这位画家把画像拿给他看，并请求他在画上签名。爱因斯坦犹豫了一会儿。他相当生气，因为他特别痛恨这种素描。但却喜欢写写打油诗，这时忍不住手痒。

这位相对论的作者向记者借了一支笔，然后在画纸上迅速写下一小段艺术评论。大意是说：

你所看到的这头肥胖的猪大概就是爱因斯坦教授本人。

这两个年轻人欢天喜地离去了。爱因斯坦转过身子对他的妻子，扮了一个鬼脸。

“我还说不愿接受访问呢，”他叹了一口气说，“我恐怕无法在纽约过个宁静的假期了！”

果然，这个“假期”是最为累人的一次。最先开始的是在市政厅举行的一次正式欢迎会。参加这项为爱因斯坦举行的聚会的人，有市长华克、德国领事、洛克菲勒、哥伦比亚大学校长巴特勒博士等。

巴特勒在致欢迎词时，描述这位来访的科学家为世界树立了一座“智慧的灯塔”。爱因斯坦很高兴巴特勒在演说中强调国际主义，巴特勒说：“他（爱因斯坦）所统治的领域并不受高山大海的限制……他的声名远播之处以及他的权威所行之处，既没有飘扬任何一面国旗，也没有通行哪一种特定语言。这是一项至高的理想，每个民族的男男女女，不管尊贵或卑贱，在他的国度，都是一视同仁。

“人类一向急于寻求光明及领导人，以便能够更为妥善地处理人类所面临的严重问题及情况。在目前这一时刻，我们举手向这位影响力超乎一切的人士致敬。这位来访的思想君王和这些神秘的思想、关系及方式有直接关系，也唯有天

美国唐人街一角

美国唐人街

才人物，才能清楚了解及完全遵循。”

巴特勒校长向大批听众说，爱因斯坦已经拒绝了在哥伦比亚大学任教的邀请，因为他思乡情切，那位德国领事听到这段谈话，禁不住露出骄傲的笑容。当乐队演奏起德国国歌时，爱因斯坦突然怀念起故乡来。他十分反对德国日益明显的军国主义，但在那一刻，他觉得德国将永远是他的祖国。

爱因斯坦原以为，在纽约这个大城市里，他可能不会受到注意。但是，照相机却不断跟着他咔嚓作响，不管走到哪儿，都会有人认出他来。他前去参观“大都会艺术博物馆”时，大批群众紧跟在他后面，从一个房间走到另一个房间，他根本无法欣赏博物馆内的艺术品。他被安排前去参观唐人街时，也遇到了同样的麻烦。他前往欣赏歌剧，引起观众注意的是爱因斯坦，而不是剧中的女主角。在表演过程中，全体观众站起来鼓掌欢呼，逼得爱因斯坦也只好从他的包厢中站起来，挥手向观众致意。

爱因斯坦博士和他的妻子，很高兴他们在巴萨迪纳可以获得宁静与休息。他们对加州的每样东西都很喜欢，天气良好，跟柏林阴冷的冬天正好形成强烈的对比，美丽的太平洋景色更是令人心旷神怡。爱因斯坦愉快地发现，在加州，他可以安静工作，不必离开书房去参加烦人的酒会和观光旅行。

附近某些富裕产业的主人却无法了解教授渴望独居的心情。幸而爱因斯坦博士懂得如何以英文及其他多种语言说“不”。

有位社交界名媛决定在晚宴上款待阿尔伯特·爱因斯坦，以增加她个人的荣耀。

“星期一，可以吗？”她问道。

“星期一，我另外有约。”他老老实实地回答，因为他痛恨说谎。

“也许，星期二，或星期三？”她急着问道。

“星期二和星期三，要到学校去开会。”

“多可惜呀！你不能改个日期吗？”

爱因斯坦无力地摇摇头。

“不过，”她仍然充满希望地说，“也许你星期五晚上有空。”

“星期五晚上，”爱因斯坦耐心地告诉她，“我已答应陪我的朋友米契尔森博士去威尔逊天文台，从望远镜中观察星星。”

这位女士屡挫屡败地继续说：“但是，你要知道，加州这儿现在正是雨季。”她提醒爱因斯坦博士说，“星期五晚上可能会下雨，到时候，如果不去研究星星，应该可以答应我的邀请吧。”

爱因斯坦笑得十分高兴，即使是那位女主人也知道他一定是在说笑。“不会下雨的，”他肯定地说，“米契尔森已经全部安排好了！”

但他不会拒绝放下工作和几个知心朋友在晚上享受音乐。他不常看电影，但对于《城市之光》这部影片却极其欣赏，他曾以该片的制片人及演员卓别林的贵宾身份参加首映典礼。他也抽出时间和其他的教授作非正式的会谈，尤其是米利康博士，他以前是米契尔森博士的学生。

米利康出生于伊利诺伊州的一个小镇，并在芝加哥大学担任讲师。他后来在芝加哥大学担任教授，并继续从事电子学研究。1922年因为在X光方面的重大发现，而获得诺贝尔奖。现在他是加州研究所所长，因此他有办法替来自异国的科学家们解决任何困难。在他的热情接待之下，这位德国科学家立即觉得宾至如归。

在另一方面，艾莎发现她在巴萨迪纳的生活也同样愉快。她很喜欢鲜花，而加州南部四季常青的花园永远令她感到惊叹及高兴。她在社交方面的应酬，比在柏林时少，于是有更多时间陪朋友出外观光。她在投给一份美国家庭杂志的文章中，很感激地提到她的新邻居。

她在这篇文章中提到，由于家庭里有家务劳动都可以靠机器操作，因此美国的家庭主妇有很多的空闲，她对于这一点感到很惊奇。她提及她在巴萨迪纳购物的乐趣——“一家商店内，各种货品应有尽有，而且每样东西都清清楚楚地标上价格”。她还赞扬了美国妇女在社会工作方面的努力。

艾莎跟她的丈夫一样，等到他们必须收拾行李离开美国时，不禁觉得万分惆怅。送别的礼物开始从

※透过车窗向外凝望的希特勒

四面八方涌来，成篓的橘子和柚子（这是加州最骄傲的特产）、印第安服饰及篮子、亚利桑那州化石林的漂亮化石、罕见的仙人掌（赠送者坚持说，他们回到德国之后，仍然可以把它加以移植）……甚至还有人赠送几把小提琴，其中一把，据估计价值3.3万美元。爱因斯坦认为必须予以婉拒。他说，像这种高级的小提琴，只能由大师来使用。他对自己会收到如此贵重的礼物而深感困惑。他又想起了一位好心的英国地主，这位地主听说爱因斯坦非常喜爱烤羊肉，竟然远从英国千里迢迢地送了半头羊到巴萨迪纳来。“为什么陌生人也会对我如此好？”爱因斯坦真是想不通，他忍不住这样问自己。

爱因斯坦在他的离别声明中提到，美国是民主政治的一个重要堡垒。这句话立即提醒了一位记者，在他临上船前，向他询问有关德国的政治情况。这位记者问道，听说希特勒的影响力已逐渐增加，这是不是真的？德意志共和国是否也将像墨索里尼统治下的意大利，成为另一个法西斯主义的国家？

爱因斯坦思索了一阵子，然后作出了谨慎的回答。他从未参与德国政治，但还不至于自禁于研究室中，以致忽视了祖国的动乱不安正在逐渐扩大。他担心他所说的话被人误解，因此拒绝讨论希特勒。

“我并不认识希特勒先生，”爱因斯坦说，“希特勒是因为德国人吃不饱才存在的，等到德国经济情况改善之后，他就不会显得那么重要了。”

遭到纳粹的迫害

阿尔伯特·爱因斯坦在德国过完了1931年的夏天，秋天他又再度访问美国加州技术学院，于1932年春天回到德国。获悉最新的选举消息，他不禁大吃一惊。德意志共和国的新总统是年老的兴登堡元帅。一般群众因为他在第一次世界大战期间的胜利而崇拜他，但崇尚民主政治的德国人却为此感到不安。他们知道，兴登堡总统和他的同党痛恨共和制。担心这位老总统是否将加强军备，夺走人民的自由。

此时已是秋天，爱因斯坦准备遵守诺言，第三度前往巴萨迪纳过冬。在卡普斯，一向是模范家庭主妇的艾莎，把那间漂亮的小屋子打扫干净，并把所有的东西收拾好，然后才把屋子关好。她忙着来往于每一个房间，重新排列她的碗盘，然后把高大的碗橱锁上，把不想带到美国去的衣服收拾起来。同时，她的丈夫或者到湖上去驾游艇，或者在书房里坐上几个小时，双眼凝视着窗外的大树。最后，艾莎关闭最后一扇窗子，拔出大门的钥匙。他们夫妇相偕走下小山，走向村子。

突然，爱因斯坦转过身子，他脸色沉重，站在那儿望着那栋他曾经度过许多愉快岁月的屋子。

“怎么了，爱因斯坦？”艾莎有点儿焦急，“如果不快一点，就要赶不上到城里去的火车了。”

名人名言

没有牺牲，也就绝不可能有真正的进步。

——爱因斯坦

的先生呢！

但到了当年的年底，她终于明白了，丈夫的忧虑并非毫无根据。1933年，消息传到美国，兴登堡总统已任命希特勒担任德国总理。这时候，深爱祖国的艾莎也不得不同意她丈夫的决定：最好不要回德国了。

对于这个曾为祖国带来无比荣耀的大科学家来说，德国已经不能让他安全容身了。在希特勒眼中，爱因斯坦犯了几项不可原谅的罪行：他是位著名的和平主义者、国际主义者，更是一位犹太人。

身着戎装的希特勒

希特勒总理曾对那些鼓掌叫好的群众大声咆哮，说其他各国曾在凡尔赛缔结联盟，企图使德国永远不能抬头。任何一位企图和这些国家和平相处的德国人都是叛徒！

希特勒的著作《我的奋斗》已成为纳粹党的圣经，他在书中对德国的犹太人一再作最严厉的指责。他宣称，在和平主义者及共产党的协助下，犹太人使德国在战争中失败。虽然，犹太人在德国总人口中不到十分之一，但希特勒却指责他们控制所有

“现在应该是我们向这幢房子道别的时候了！”爱因斯坦博士回答说，“我希望好好看它一眼。”

“为什么？”她有点困惑，忍不住问道。

“我有种感觉，仿佛再也看不到它了！”爱因斯坦回答。

在他们走向车站的途中，艾莎在心里嘀咕，我除了不了解相对论之外，有时候，还真有点不了解我

的工商企业，造成德国人的失业与痛苦。他宣称，不管这些犹太人或他们的祖先在德国已经居住多久，他们仍然不能被视为德国公民。

希特勒利用一种共同的仇恨心理促使纳粹党更为强大、团结。他还不准备对法国、英国和俄国这些强大的敌国宣战。但德国境内的少数犹太人近在眼前，又没有保护自己的力量。他们所受到的迫害，是德国历史上最为可耻的一页。

虽然，爱因斯坦晚年曾协助他的同胞建立巴勒斯坦，但他从来不认为自己是哪一个国家的国民或是哪一种宗教的信徒。他曾发表一篇声明，对此做过简单而明确的说明：“这世界上没有比服务人类更高超的宗教。我们同在地球上的这些人，肩负着相同的生命任务。人类的一般福祉在于对全人类的一视同仁，不管是白人或黑人、穷人或富人、基督徒或犹太教徒、伊斯兰教徒或印度教徒……真正的宗教就是真实的生活，生活在善良与正直之中。”

但对希特勒及其党徒而言，

希特勒的疯狂野心越来越明显地流露于大众面前

爱因斯坦却是一名犹太人。由于他曾获诺贝尔奖，声名显赫，因此成为在德国遭遇攻击的第一位犹太裔的科学家。长久以来一直嫉妒爱因斯坦的地位及其世界性名声的多位科学家，在纳粹党的鼓励下，开始大力谴责他的理论是“犹太物理学”。1935年，爱因斯坦多年来在科学界中最主要的反对者——雷纳德博士，在一所新的物理学研究所揭幕式中宣称：“我们必须承认，虽然目前德国人在知识方面不如某些犹太人，但我们不愿追随犹太人的脚步。德国人今天必须自行摸索着走出黑暗。”他在演说完毕之后，照例做了一个标准式的纳粹敬礼并高呼：“希特勒万岁!”

所有的德国大学分别做了一次“种族整肃”。最初，那些曾在第一次世界大战期间为德国或其盟国作战的犹太籍教授，都被允许保持他们的职位，后来连这些例外都被取消。曾经加入任何和平团体或任何非法团体的教师们全都被免职，甚至连娶了犹太女子的教师们也要被撤职。虽然有少数德国知识分子领袖，大胆地为他们的朋友辩护，但大多数人却沉默不语，有的甚至表现出幸灾乐祸的态度。

在美国，爱因斯坦听说希特勒已开始逐步实现他老早以前在书中所提出的种种疯狂计划，于是前往会晤德国领事。德国领事尽责地把现政府打算公平对待每一位公民的纳粹谎言又重复了一遍。他说：“如果你没有犯错，你在柏林将如你在世界上任何其他地方一样。”

“我不能同意你的说法，”爱因斯坦礼貌地回答，“我只愿留在一个政治自由，而且在法律上对所有人民一视同仁的国家内。但是，目前德国并没有这种情况存在。”

领事馆的一名官员紧跟着爱因斯坦博士走出领事的办公室，他紧张地回头望了一眼，然后低声说：“他——领事先生，这样说只是为了尽他的责任。但我愿意冒险地向您坦白说一声，您不回去是很聪明的决定。”

爱因斯坦教授对他的警告深表感激。难道他祖国的情况真的如此严重，任何崇尚自由的人都无法安全待在国内吗?但他觉得必须等到更为确定这些事实之后，才能公开谴责德国新政府。当记者们要求他对德国政府迫害行动的报道予以评论时，爱因斯坦只是回答说，他和德国的距离如此遥远，他所知道的德国情况并不比任何一位美国记者多。但他接着表示，他无法住在一个没有言论自由且有种族及宗教歧视的国家内。

流亡比利时

1933年春天，爱因斯坦博士和他的夫人离开美国前往比利时。他们在海边避暑胜地里科克奎找到一栋舒适的住宅。玛嘉特也前往那儿与她的父母同住。她结婚以后继续从事雕塑，并在布里吉斯上课。

比利时国王颇具学者气质，而且一直是爱因斯坦的崇拜者，他经常邀请教授前往王宫做客。两人在宫中无所不谈，从爬山一直到世界和平。伊丽莎白王后则是一位极有成就的音乐家，曾跟从音乐大师伊莎叶学过小提琴。爱因斯坦很高兴地陪着另外两个小提琴手和她组成四重奏。伊丽莎白王后也是一位女雕刻家，有一次她把一件刚完成的作品拿给爱因斯坦看。爱因斯坦认真地告诉她：“你实在不愧是一位王后。”她听了十分高兴。

※比利时夜景

友好的比利时人很快就知道他的私人生活，比利时仍然是一个民主而和平的国家。如果不是几乎每天都有恐怖的消息从纳粹德国传来，爱因斯坦可说是生活得相当快乐。

他不知道是否应该辞去柏林学院的教职，或者等待被逐出该学院。邀请爱因斯坦前往柏林的普朗克博士仍然身居高位，并拥有相当大的权势。普朗克既不是犹太人，也从未发表过任何一句令纳粹党反感的自由言论，因此他能保住地位及名声。爱因斯坦相信如果普朗克被要求出面为他的老朋友辩护，一定会感到十分为难。因此，爱因斯坦教授写信到柏林，要求辞去他在学院内的院士职务。因为他觉得，在目前政府的统治下，他无法为德国提供任何服务。

学院的院士们希望爱因斯坦不要迫使他们作这项决定。他们以身为无党无派的科学家而感到骄傲。一位思想比较自由的教授问道："为什么要求一位本身是伟大数学家的院士非得是一位民族思想强烈的德国人不可?我们岂不是将被视为向武力屈服的懦夫?"

但在1933年，德国知识分子中却出现了许多懦夫。纳粹报纸继续谴责爱因斯坦，宣称他在国外期间背叛了祖国。学院为了表示对希特勒政府的忠诚，特别发表了一篇声明，断绝与这位二十多年来为学院带来无数荣耀的科学家的一切关系。

"对于爱因斯坦的辞职，我们用不着感到遗憾。"这份正式声明说，"学院对于他在国外的活动感到耻辱，学院的会员一向忠于国家。"

爱因斯坦认为他必须就这项不忠的罪名为自己提出辩护。"我并不知道我在海外曾散布有关德国的不忠报道。"他写道，"我已经注意到德国新政府成员所发表的一些声明，并予以评论，尤其是有关企图毁灭德国犹太人一事……报纸对我作了许多不利的报道，而学院对报纸所发表的声明，则助长了这种情势。"

学院的一名代表回答说，就算爱因斯坦不曾侮蔑德国，但他身为学院的一名成员，应该就不公平的报道，替祖国辩护，这显然是他的责任。这封信说："像阁下如此著名的人物，只要能替德国说句好话，将会在国外产生极大的影响力。"

流亡海外的爱因斯坦知道，这样争论下去毫无用处。他的某些伟大的研究工作是在学院内完成的，要想打破漫长的二十年来所建立的关系，是相当困难的一件事。爱因斯坦突然觉得自己十分衰老而且泄气，于是他提笔向以前的同事们写了一封告别信。

他说："要我说出这种'好话'，无异于要我否认我终生所奋斗追求的公正与自由。这样的证词对德国人民来说，不会是'好话'；相反，这样的声明只会破坏德国人民在文明世界建立荣誉地位所必备的思想与原则。阁下的来信使我再次觉得，我辞去学院职位的决定是正确的。”

虽然爱因斯坦曾公开批评苏联，但现在却被视为一名共产党员，他被指控在卡普斯的避暑小屋中储存了许多武器供共产党叛军使用。纳粹警察闯入那栋漂亮的小屋去搜索弹药及武器，经过彻底的搜查，只找出家具及科学书籍。但爱因斯坦花费不少积蓄所建造的这间小屋以及他在柏林银行的存款，全部被没收。德国政府通知他说，他的财产已被没收。因为这些财产很显然将被用来资助共产党发动革命。

就在这段恐怖气氛日益浓厚的时间内，有人在柏林国家歌剧院门前焚烧了一大堆的书籍，放火的并不是无知的暴民，而是身穿制服、纪律严明的纳粹党人。海涅的歌曲很久以来一直受到德国人的喜爱及咏唱，但现在他的歌曲却被焚烧，因为作者是犹太人。像杰克·伦敦及海伦·凯勒这些美国作家的作品也被付之一炬，因为杰克·伦敦除了撰写冒险小说之外，还撰文为社会主义辩护；海伦·凯勒则被指为和平主义者。爱因斯坦有关“相对论”的论文也被投入烈火中，使火势更为猛烈。

但是即使是在纳粹德国，要想消除爱因斯坦的影响力也是不可能的。新帝国的一些胆怯的教授，在上物理学时，不敢提到爱因斯坦的名字，这样才会比较安全。但在讨

※德国易北河沿岸风光

※纳粹标志

论时要想不提及“相对论”，几乎是不可能的，这些学者经常弄得左右为难。他们不知道要如何将他们纳粹主子的政治思想和他们自己的科学思想明确地分开！

犹太科学家统统被赶出德国大学，即使没有人能够指出他们曾发表不忠的言论，仍然要被逐出校门。不同意纳粹做法的非犹太人，也很快受到了迫害。普朗克曾利用他的影响力庇护许多不受纳粹喜爱的科学家。他一直希望，纳粹的怒潮将会平息下来，而使这些曾以他们的科学成就为德国带来许多荣耀的科学家不再受到伤害。但是，迫害的情况却一天比一天严重。

普朗克曾晋见希特勒，但那位疯子拒绝聆听他为同事们所提出的请求。显然，德国的任何人都必须同意纳粹迫害犹太人。

起初，爱因斯坦的某些朋友认为，这场暴风雨很快就会过去，爱因斯坦将可安全回到祖国。但很快，即使是这些乐观的人士也不得不承认，德国已变成一座疯人院，在这所疯人院里，除了管理员之外，任何人都没有安全感。当年爱因斯坦由于对德意志共和国的忠诚，而恢复取得德国公民权，这是他的一项错误决定。如果他继续保持瑞士公民权，以外国人的身份，或许可以保住那些被纳粹政府所没收的财产。

“我们不会为了被抢去的那栋可爱的屋子及存款而忧虑，”艾莎勇敢地说，“我们应该感谢我们的女儿和她们的丈夫已经安全逃出德国，比利时政府将会尽力保护我们的。”

但是，不断地有谣言困扰着他们安宁的流亡生活，并使她越来越感到焦虑。据传里科克奎的一项报道说，一个纳粹组织已经提供五千美元的奖金，征求刺杀这位最杰出科学家的人。

“我还不知道这颗脑袋竟值那么多钱！”爱因斯坦摸着自己的头，不禁哈哈大笑。

但艾莎可笑不出来。她知道，纳粹德国的秘密特工人员在欧洲每一个国家都很活跃。幸好，比利时政府及王室答应保护他们，才使她放松心情。

由于这种保护措施，曾有一次，使得替爱因斯坦撰写传记的物理学家菲力普·佛兰克在1933年夏天处于一个相当尴尬的局面。当他前往比利时旅行时，他决定去访问爱因斯坦，但他不知道爱因斯坦的地址，当他到达里科克奎之后，曾向路人打听爱因斯坦的住处。

路人毫不犹疑地向他指示详细的路线，他很快就来到耸立于沙丘之间的一处小别墅。佛兰克博士知道已经来到了目的地，因为当他走近之后，就认出爱因斯坦夫人正坐在屋前的走廊上。两个高大、魁梧的汉子站在台阶前，正在兴高采烈地谈话。

那两人看到佛兰克走上小径，立即冲上前去。他们一把抓住他，粗鲁地把他拖到爱因斯坦夫人面前。爱因斯坦夫人吓得脸色苍白，她仔细看了很久，方才认出是佛兰克博士。

“呀，是佛兰克博士！”她叫道，“很抱歉！”并转身对那两名大汉说，“请放开他，他是我丈夫的一位老朋友。”

那两名男子不好意思地笑了笑，然后转身走开。爱因斯坦夫人赶忙向佛兰克解释说：“他们是负责保护我们的警卫。他们刚跑来告诉我，村子里出现了一名陌生人，因此匆忙中误认你是一名刺客。”

“你是怎么找到这地方的？”她问道，“比利时政府为了保护我丈夫的安全，已经下令任何人不许说出他的住处。”

佛兰克博士对她说，他到达里科克奎后，向路上遇见的第一个路人问路，立即得到满意的回答。爱因斯坦夫人听人如此一说，立即心生警惕。但爱因斯坦反而觉得好笑，他倒不认为比利时警方的保护已失去作用。

“德国人怎会认为我的丈夫是个危险的敌人？”艾莎惊叫道，“不久以前，我们接到一封以德文写来的信，我们根本不认识这个人。可是，他坚持说，必须和教授见面谈谈。我写信请他来这儿。当然了，由于最近常有人提到暗杀，我不想让一个陌生人见我丈夫。”

“那人告诉我说，他以前是纳粹冲锋队的人员，如今已背叛纳粹党，现在想要出售纳粹党的秘密情报。他甚至希望爱因斯坦博士能付出相当的代价来购买这份有价值的情报。”

“我问他，”爱因斯坦夫人继续说，“你怎会认为爱因斯坦教授有兴趣知道纳粹党的秘密呢？”

巴黎大学内部建筑

他回答说："每个人都知道爱因斯坦教授是世界各地反纳粹分子的领袖，因此我才打算把如此重要的情报卖给他。"

爱因斯坦对他妻子的惊恐哈哈大笑。当他在准备前往伦敦演说时，曾接到一封威胁信。信中表示，如果他在伦敦演说，将会遭到谋杀。爱因斯坦把那封信丢到一边，继续撰写他的演讲稿。结果，他在伦敦发表演说时，挤满了许多听众，奉命前去保护他安全的伦敦警察，也跟着群众热烈鼓掌。本身也是流亡人士的爱因斯坦博士，为那些被希特勒政府驱逐出境的犹太难民们大声呼吁，希望全世界善心人士予以援助。他的演说揭开了一项世界性的支援活动，最后共募得五百万美元的基金，以协助这些不幸的犹太难民在国外展开新生活。

爱因斯坦比起那些被迫流亡国外的同胞们幸运得多，当他已经不能再在德国立足的消息传开以后，许多著名的大学都聘请他前去任教。西班牙古老的马德里大学特别派了一名代表亲自来邀请，巴黎大学也聘他担任教授。不过，爱因斯坦并不希望留在欧洲，他认为纳粹的恐怖行动将会蔓延到邻近各国，欧洲也将不得安宁。朋友们对他的决定感到很欣慰。他们一致认为，欧洲没有一个国家能保证爱因斯坦的安全，如果纳粹已决心置他于死地。

虽然，爱因斯坦几年前曾访问巴勒斯坦，并对那儿的情况留下极佳的印象，但是他却拒绝接受耶路撒冷希伯来大学邀他前往任教的请求。他知道，一些被逐出纳粹所控制的大学的较年轻而且知名度不高的科学家们，很难找到新的教职。他说，希伯来大学应该优先考虑这批人。

爱因斯坦决定下半辈子在美国度过，因为他在美国已结交了许多热情的朋友。

在纳粹上台的几年前，美国一位著名的教育家亚伯拉罕·弗莱克斯纳博士，曾前往爱因斯坦在卡普斯的那栋舒适的小屋与他会晤。当时，弗莱克斯纳博士要求爱因斯坦加入刚在美国新泽西州普林斯顿成立的高级学术研究院的教学阵容。爱因斯坦对此十分有兴趣。但他说，他已经答应在第二年的冬天前往巴萨迪纳，并且坚持每年必须在柏林服务几个月，因为他无法背弃他对德国老朋友们的忠诚。

现在，他再度考虑起弗莱克斯纳博士以前的邀请。

当讨论到未来的工作酬劳，爱因斯坦提出的数字竟然出奇地少，令弗莱克斯纳博士感到很吃惊。弗莱克斯纳博士建议说，这件事应该由他和爱因斯坦夫人来决定。弗莱克斯纳博士认为，爱因斯坦夫人才是家里的财政主管，爱因斯坦很高兴地把合约这一部分移交给他太太。

此后，在1933年10月，爱因斯坦夫妇在英国的某一港口搭船前往美国。

曾经弗莱克斯纳博士邀请爱因斯坦加入在新泽西州刚成立的高级学术研究院。图为如今的新泽西州城市风光一角

到美国普林斯顿研究院任教

爱因斯坦于1933年冬天在美国开始了新生活，他受聘于普林斯顿高级学术研究院，这是美国最进步的一所学校。弗莱克斯纳博士创设这所学校主要是为那些已获得博士学位的年轻学者，创造在自己的学术专长范围内继续进行研究的机会。这位美国教育家是仿照自由时代的德国大学而创设他的学校，开始时只设立一个数学系，但很快又增加了一些相关科系。

※普林斯顿大学一隅

城市广场上的原子能塔模型

按照弗莱克斯纳博士计划，他所聘请来的那些伟大的学者们不仅要在课堂上与学生见面，更应该亲自指导他们从事研究工作。对于学生与老师的挑选，完全取决于他们的努力，绝对不会因为他的政治或宗教信仰而遭到不公平待遇。最初，该研究院设于普林斯顿大学的数学大楼，1940年，迁到普林斯顿郊外几千米的大楼内。

在高级学术研究院内，爱因斯坦教授享受到最大的自由。他不必定期上课，可把大部分时间花在自己的研究工作上。他对美国大学校园内的随和气氛感到十分高兴。爱因斯坦以前所认识的那些德国教授，随时都要装出政府官员似的严肃面孔。但在研究院及普林斯顿大学内，教授们都很随和。某位教授可以在闲暇时从事园艺或打高尔夫球，也可能出现在橄榄球比赛场地上，热心地为普林斯顿球员加油。往往在同一天晚上，这名热情加油者，又可能担任一次重要的政治会议的主席。

在普林斯顿，一位教授可能拥有十几项兴趣，或者像爱因斯坦一样，沉迷于自己的研究工作中。爱因斯坦第一天被带去看自己的办公室时，学校人员问他需要什么设备。

“呀，”他回答说，“一张桌子、一把椅子、纸和粉笔。哦，对了，还要一个大的纸篓，至于为什么要大的，因为这样子我才能把我所有的错误都丢进去。”

在研究院里，爱因斯坦博士继续进行他多年以前在柏林所做的“引力场”的研究工作。这个“统一场”的理论，包括引力、电力磁力以及原子核中的力量，这可以提供原子能。爱因斯坦以前的目标是用一项理论来解释这三种不同的力量。

就像他在进行这项研究工作的二十年后，对一位摄影人员所说的：“你拍好照片，就等于完成了工作。但在理论上就不同了，工作永远没有完。”他又说，“目前有两个年轻人跟我一起工作，我们的工作主要是为了解决我们的日常问题。”

爱因斯坦很幸运地拥有一些聪明的年轻数学家及物理学家充当他的助手，他们为他解决了许多费力的计算工作。其中一位是黎格波·英斐德博士。英斐德永远记得，当他以前在柏林举目无亲时，最先感受到的就是爱因斯坦的真情。现在英斐德的祖国波兰已被希特勒的军队占领，通过爱因斯坦的影响力，他才得以安全逃到美国。

英斐德希望能被获准与他最敬爱的人一起工作。他等待任命，却久无下文，因而显得不耐烦。爱因斯坦温和地安慰他说：“不要急，有许多问题等待了好几个世纪才得到解决，你再多等两个礼拜也无妨。”

与所有真正的科学家一样，爱因斯坦知道如何保持耐心。英斐德也拥有一种发现者的永恒兴奋情绪，他在自传《寻觅——一名科学家的诞生》里，有如下的一段描述——

我属于科学家的大家庭，我们每一个人都经历过兴奋的好奇时期。在那段期间内，除了我们正在研究的那些问题之外，生活中的任何事物几乎都并不重要……我们也许需要几个星期、几个月甚至几年的时间，才能找出正确的实验方法。我们必须尝试不同的方法，在黑暗中摸索。而我们一直知道，一定有一条宽阔而舒适的大路，通往我们的目标……我们每一个人都要经历这种情绪，不管是爱因斯坦还是一位学生，从事第一项研究时，都曾体会过这种痛苦、失望与喜悦的滋味。

他们两人在一起作了许多次长谈，并从谈话中整理出他们两人合作的一本著作《物理学的演化》。这本书出版之初，英斐德将一本先行赠阅的版本送给爱因斯坦，但爱因斯坦似乎一点也不感兴趣。出版商问了英斐德许多次：“爱因斯坦喜欢这本书吗?”这叫英斐德博士怎么回答呢?因为爱因斯坦教授根本未曾打开过这本书。

“某项工作一旦完成，他对这项工作的兴趣也就随之消失了，”英斐德说，“这同样可适用于他的科学论文上。后来，很多人拿了这本书请他签名，以致使他养成一种习惯，每当看到那本书的蓝色封面时，他就会自动去拿起钢笔。”

在这本书推出的前一天，纽约

※ 普林斯顿建筑

一家大报的记者在晚上11点打电话给爱因斯坦博士，请他对这本著作说几句话。

“我所能说的，都已经写在书上了。”爱因斯坦回答得很干脆，然后随即挂上电话。

这位记者是否曾费神去阅读《物理学的演化》，从而了解爱因斯坦的思想，不得而知。但确是有很多人争相购买，使得这本书真的成为一本畅销书。英斐德同时很惊讶地发现，在一个星期之后，这本书的销量更大，甚至超越了畅销一时的卡耐基著作《如何结交朋友及影响他人》。

爱因斯坦仍然不发表评论。他对这本书已没有兴趣，就像他以前曾经出版过十本书，但立刻就将它们忘掉了。

他的一位助理，班尼斯·霍夫曼描述爱因斯坦和他的工作人员讨论某项问题的情形说：

“爱因斯坦教授总是靠在椅子上说：‘我们一定要想一想。’他把自己的头发卷在手指上，沉思一会儿。然后，就会想出答案来。不过，有时候要花上几天、几周甚至几个月的时间。”

就像在柏林一样，爱因斯坦在普林斯顿的家也很快成为音乐和闲谈的中心。这位白发、满面笑容的博士，成为附近小孩子们最欢迎的人物。他们都很喜欢述说爱因斯坦在普林斯顿欢度第一个圣诞夜的情景。

在圣诞夜里，一群小孩子前去按门铃，当爱因斯坦出现在前廊时，他们就开始唱起圣歌来。他很专心地听着，但在演唱完毕后，有位小男孩要求爱因斯坦给他们一样礼物，爱因斯坦却不知道这是怎么回事。

“什么样的礼物？”爱因斯坦问道。

“哦，人们通常赏我们几毛钱。”

“等一下。”爱因斯坦博士说。

这些小孩子认为他是要到屋内去拿钱。但几分钟后他再度出现，穿着皮上衣，戴着一顶小帽，一手拿着他的小提琴。

“我跟你们一起走，你们唱歌，我拉小提琴。”爱因斯坦说，“但你们一定要答应分给我一点钱。”

在他们到达美国后的最初几个暑假里，爱因斯坦一家人找到了一处宁静的避暑胜地，使爱因斯坦可以再度享受驾驶游艇的乐趣。有一次他把游艇开上了沙岸，被一位划船的小男孩发现了。

“怎么了，先生?”他叫道。

“这儿的水太浅，必须等到涨潮后才能离开。”爱因斯坦回答。

“要不要我去找艘大一点的船来把你拉出来?要等四小时之后才会涨潮呢。”

“不必了，谢谢你。”

“但是，你在这四小时之内怎么办呢?先生。”

爱因斯坦博士对这位好奇的小男孩摇摇头。“我会很愉快的，我可以坐在这儿想问题。”他回答说。

爱因斯坦教授在普林斯顿安顿下来的同时，艾莎则试着使他们现居的房子像他们的柏林老公寓那般舒适。熟悉的家具和照片使她不致觉得太寂寞，她知道他们不是短暂访问这个友善而陌生的国家了。已届中年的她，发现很难适应新的环境。她经常想家，怀念她从小熟悉的景色及人物。她想不通，为什么丈夫那么快就能适应美国的生活!

这时又传来她的女儿伊莎在欧洲死亡的不幸消息，使在数千千米之外的她非常悲痛。幸好她的另一个女儿玛嘉特也搬到普林斯顿，才使她稍感慰藉。

随着他们一家搬到美国的，还有爱因斯坦博士的秘书——海伦·杜卡斯小姐。她现在必须回复一些以前未曾见过的信件，例如：“能否请您运用您的影响力来影响柏林的美国领事?我的家人和我都得不到签证，而等待签证的人又那么多。如果我们不赶快离开德国，可能就太迟了。”有位学生要求帮助他进入美国大学；一位逃出德国但留在西班牙的犹太科学家，请求爱因斯坦推荐他在美国担任一项研究职位，多么卑贱的研究工作都可以。

爱因斯坦一向乐于协助不幸的人们。现在他比以往更热心地向这些陷于绝境的难民们伸出援手。曾经有一次，有人问道，为什么他同时推荐四个人去担任某一家美国医院的X光医师?

“我推荐四个人去担任同一个职位，”爱因斯坦承认说，“每个人都有他的理由，而且我也叙述了这些理由。相信医院方面会视才而录用的。事实上，他们是这么做了。”他对于不能拒绝这四个求助者这件事，似乎觉得很不好意思。

在到达美国后不久，爱因斯坦博士举行了一场音乐会，为犹太难民们筹募生活基金，结果募得六千美元。多年来他一直深居简出，不愿抛头露面。他认为自己所能办得到的只是自由捐款，以及利用他的名气支持他所感兴趣的团体。但现在，由于情势需要，爱因斯坦开始撰写文章，并在电台发表演说，攻击日渐严重的希特勒法西斯主义。他以绝对的权威撰写文章和发表演说，他不仅是世界上最著名的科学家，也是逃往美国最有成就的犹太难民。

在纽约世界博览会期间，巴勒斯坦也在会场设立自己的展览馆。每当某一个国家的展览馆揭幕时，那个国家的大使就要向美国大众发表欢迎的演说词。但是，由于巴勒斯坦仍在英国控制下，并没有自己的大使，那么应该由什么人来代表巴勒斯坦致欢迎词呢？负责的委员会考虑了许多位杰出的犹太人。最后一致认为，再没有谁比阿尔伯特·爱因斯坦更能代表犹太人。

不久，他甚至接受劝告，穿上僵硬的衬衫和礼服，出席纽约的一个午餐会，庆祝巴勒斯坦的希伯来技术学院在美国成立高级研究所。尽管他为人谦逊，但这一次似乎很高兴特拉维夫的物理研究所以他的名字命名。此时希伯来大学也拥有了自己的校区，可以俯视整个耶路撒冷，该校接受了爱因斯坦捐赠的相对论原稿，并把它视为一项最宝贵的礼物。

巴特莱·克拉姆在他的《丝幕之后》一文中，谈到爱因斯坦给他的印象：

……他走进房内，使我们的听证活动受到打扰。虽然当时有另一位证人在作证，但当房门打开，听众们一见到他们在报纸杂志上经常见到的那个熟悉的人影时，立刻发出雷鸣般的掌声。他满头白发几乎垂到肩上，步伐缓慢，看来好像是从圣经故事中走出来的先知。哈奇森法官大声呼叫遵守秩序。后来轮到爱因斯坦发表证词时，哈奇森法官说：“那些认为我刚才阻止他们向爱因斯坦博士表示欢迎的人，现在可以向他表示欢迎之意了。”房内立刻响起了如雷的掌声。爱因斯坦博士低声向身旁的一位朋友说：“我想，他们应该先听听我要说什么，然后再鼓掌。”……

曾在柏林出现的那种对爱因斯坦的英雄式崇拜，在美国又再度出现。有一次爱因斯坦在匹兹堡对一群科学家发表演说，演说完毕后，他退到礼堂的贵宾室，幕布开始降下。有位狂热的听众竟然跳上讲台，抢下爱因斯坦刚才用来在黑板上讲解理论时所使用的粉笔。他虽然拿到了粉笔，却被急速降下的幕布打中头部，当场昏倒。

当以相对论为题材的影片在纽约的美国历史博物馆放映时，许多无法挤进去的观众曾企图把大门推倒。第二天早上一家日报的头条标题是："博物馆的警卫被科学迷制服，警方驰往增援。"另一家报纸的标题是："四千五百人为了观看爱因斯坦影片，在博物馆大打出手。"

在爱因斯坦一家人搬到普林斯顿三年后，麻色街舒适的老家生活方式因为艾莎的生病而受到影响。以前她经常在屋内跑进跑出，一会儿在厨房里为她的丈夫准备他喜爱的茶点，一会儿又跑到客厅，对一位访客说，不可以打扰她的先生。

在妻子弥留的最后几个星期中，爱因斯坦并未到研究院为他准备的办公室去，他都是留在家中二楼的书房里研究。从大窗子望出去，他可以看到艾莎十分喜欢的那个花园。他经常将桌上的一些文件推开，试着翻阅书架上的几本书。不久，他就会不由自主地坐在他妻子的床边，很少说话，只是静静聆听她诉说在德国的那些愉快的日子。

有时候，她会提到她的女儿伊莎："她是那么漂亮，那么年轻，竟然去世了。"一旦勾起慕尼黑儿童时代的回忆时，她就会谈到爱因斯坦屋后的花园以及爱因斯坦最喜欢躲藏的那个树丛。"你那时候真是一个很不友善的小男孩，你总是躲着玛加和我。当她嫁给你在瑞士最敬爱的一位教师的儿子时，我们都太高兴了。我希望她能早点来看看我们。但我想我不会在这儿见到她了。"

在艾莎去世几天之后，英斐德前往麻色街拜访，家里的人告诉他，教授已回到研究所的办公室工作了。

英斐德感叹地说："只要爱因斯坦还活着，没有任何力量能够阻止他的工作。"

美国国家历史博物馆内的恐龙化石